U0723548

现代化档案管理
与档案信息化建设发展

柴军荣　赵乃东　靳银敏　主编

延边大学出版社

图书在版编目（CIP）数据

现代化档案管理与档案信息化建设发展 / 柴军荣，赵乃东，靳银敏主编. -- 延吉：延边大学出版社，2023.9

ISBN 978-7-230-05517-8

Ⅰ．①现… Ⅱ．①柴… ②赵… ③靳… Ⅲ．①档案管理－信息化建设－研究 Ⅳ．①G270.7

中国国家版本馆CIP数据核字(2023)第184847号

现代化档案管理与档案信息化建设发展

主　　编：柴军荣　赵乃东　靳银敏
责任编辑：梁　杰
封面设计：文合文化
出版发行：延边大学出版社
社　　址：吉林省延吉市公园路977号　　　　邮　　编：133002
网　　址：http://www.ydcbs.com　　　　　　E-mail：ydcbs@ydcbs.com
电　　话：0433-2732435　　　　　　　　　传　　真：0433-2732434
印　　刷：三河市嵩川印刷有限公司
开　　本：710×1000　1/16
印　　张：12
字　　数：260 千字
版　　次：2023 年 9 月 第 1 版
印　　次：2024 年 1 月 第 1 次印刷
书　　号：ISBN 978-7-230-05517-8

定价：65.00元

编 写 成 员

主　　编：柴军荣　赵乃东　靳银敏

副 主 编：蔺佳宁　苏晓霞　黄　宏

编　　委：李　杨

编写单位：唐山市房地产交易中心

　　　　　广东省肇庆市高要区人民医院

　　　　　中交石油天然气管道工程有限公司

　　　　　华润燃气控股有限公司

　　　　　杭州市城市建设档案馆

　　　　　江门华润燃气有限公司

前　　言

随着信息技术的快速发展，社会领域内各行各业对信息化建设也越来越重视。档案业务管理体系的信息化应用与规范化制度建设等也是影响其未来稳定发展的一大重要工作方向。档案现代化管理工作要充分适应社会发展日新月异的需求，结合档案工作发展的最新要求，制定一系列有针对性的档案规范管理创新方案，提高档案信息化管理应用的服务效率、服务水平与质量。

本书从档案管理工作的基础认知出发，论述了档案管理的主要概念以及管理范围，接着在此基础上对档案管理工作的主要内容和专门管理档案工作做了系统阐述，并针对档案信息资源开发及其管理进行了分析，然后本书对大数据环境下档案的信息资源开发以及档案信息化保障体系的建设做了系统论述，本书可为档案管理的人员提供参考。

笔者

2023 年 7 月

目　　录

第一章　档案管理工作认知

第一节　档案概述

学术界关于档案的定义还不统一。一般，档案是指人们在各项社会活动中直接形成的各种形式的具有保存价值的原始记录。原始记录性是它的本质属性。中国古代的档案，在各个朝代有着不同的称谓。商代称为"册"，周代叫作"中"，秦汉称作"典籍"，汉魏以后谓之"文书""文案""案牍""案卷""簿书"，清代以后多用"档案"，现统一称作"档案"。

一、基本含义

档案是直接形成的历史记录。"直接形成"说明档案继承了文件的原始性，"历史记录"说明档案在继承文件原始性的同时，也继承了文件的记录性，是再现历史真实面貌的原始文献。正因为档案继承了文件的原始记录性，具有历史再现性，所以档案才具有凭证价值的重要属性，并以此区别于图书情报资料和文物。

（1）档案的形成者

档案是由官方机构、半官方机构、非官方机构以及一定的个人、家庭和家族形成的。

（2）档案来源于文件

档案是由文件有条件地转化而来的，这里的"文件"是指广义文件，即一切由文字、图表、声像等形式形成的各种材料。档案和文件是同一事物在不同价值阶段的不同形态，两者具有同源性和阶段性的共性，也具有实效、功用、离合等个性差异。从文件到档案是一个批判继承的辩证运动过程。从信息的内容和形式来说，两者完全相同的，但从时效、价值和系统性上来说，档案是对文件的不断扬弃。首先是时效性批判，档案是已经办理完毕的文件；其次是价值评判，档案是办理完毕的文件中具有保存价值的部分；最后是系统性批判，档案是把分散状态的文件按一定逻辑规律整理而成的信息单元。因此，文件是档案的前身，档案是文件的归宿；文件是档案的基础，档案是文件的精华；文件是档案的素材，档案是文件的组合。

（3）档案的形式多种多样

档案的形式包括载体、制作手段、表现方式等。从载体来看，有甲骨、金石、缣帛、简册、纸质、胶磁等；从制作手段来看，有刀刻、笔写、印刷、复制、摄影、录音、摄像等；从表现方式来看，有文字、图表、声像等。

（4）档案的本质属性

档案具有历史再现性、知识性、信息性、政治性、文化性、社会性、教育性、价值性等特点，其中历史再现性为其本质属性，其他特点为其一般属性。因此，可将档案的定义简要地表述为：档案是再现历史真实面貌的原始文献。

二、定义要素

关于档案的定义，据不完全统计，国内外已有上百种，根据其下定义的出发点和角度来划分，可以归纳为五种类型：法规型、辞书型、教科书型、专著型、论文型。为什么会有如此众多的档案定义呢？其原因大概有以下几点：

（1）不同国家有不同的政治文化观念，对档案这一事物的认识也有所不同，例如法语国家认为文件（文书，下同）一旦形成就叫作档案，包括文件的现行作用、半现行作用和非现行作用三个阶段在内；中国认为文件向档案部门归档后才叫作档案，包括文件的半现行作用和非现行作用两个阶段在内；英语国家认为文件进入档案馆后才叫作档案，仅指文件的非现行作用阶段。

（2）同一国家不同时期的人们站在不同的角度观察，对档案这一事物的认识也会产生差异，例如国内有些专家认为只有经过专门整理和鉴定的归档文件才能称作档案，另一些人认为只有档案机关收藏的无现行作用的文件才能称之为档案，如此等等，不一而足。正如北宋大诗人苏东坡在《题西林壁》一诗中所写的"横看成岭侧成峰，远近高低各不同"。

（3）同一国家同一时期的人们因不同的需要，对档案这一事物的认识也会有所差别。中国档案法规所称档案是指凡是具有保存价值的历史记录，而不少档案学者则认为档案是由档案机关保存备查的历史记录。

（4）因为档案学作为一门新兴学科，还处于尚未成熟的阶段。

（5）随着社会的进步和科学技术的发展，档案和档案工作也在不断地发展，档案学理论始终处于不断的建设之中，人们对档案的认识就有一个不断丰富、完善的发展过程。

（6）人们对客观实践的认识不可能一次完成，将随着实践的发展而不断深化。现举档案定义三例以见一斑：

《法兰西共和国档案法》（1979年公布）："任何自然人或法人，任何国家机关或组织，或任何私人机构或部门，在自身活动中产生或收到的文件整体，不管其形成日期、形式和制成材料，都是档案。"

《苏联大百科全书（第三版）》："档案是机关、个人、家族在活动中形成的文件材料的总和。"

美国现代著名档案学者谢伦伯格（Theodore Roosevelt Schellenberg）在其名著《现代档案——原则与技术》中说："档案是经鉴定值得永久保存的供查考和研究之用，业已藏入或者选出准备藏入某一档案机构的任何公私机构的文件。"

以上档案定义虽然认识有所不同，但都认为档案必须具有三个基本要素：形成者、具有查考价值、载体和形式的多样性。

三、载体演变

档案是人类历史最重要的载体之一，它通过自己的记载，向后人揭示历史的真相，而档案本身也不断发生着变化。

甲骨档案：甲骨档案是中国现存历史的档案中年代最久远的，出土数量超过 15 万片。商代留给我们的最早的档案文字材料，就是这种甲骨档案，它也是中国现存最早的系统的官府文书。该种档案制成材料之特殊，年代之远，数量之多，在世界范围看也是绝无仅有的。

金文档案：金文档案是继甲骨档案后又一种珍贵的历史档案。在青铜器上铸字在商朝就已出现，到了西周，中国的青铜器进入极盛时期，此时刻于青铜器上的文字数量增多，记事广泛，具有了书史的性质。古代先民把金属统称为"金"，将刻于青铜器上的文字称作"金文"或"铭文"，具有书史记事特点的青铜器铭文就被称为"金文档案"。从出土的金文档案记事范围看，它比甲骨档案更为广泛而详细，对研究当时的历史具有极其重要的史料价值。

缣帛档案：中国是丝绸的故乡，缣帛档案自然也占有一席之地。随着丝织业的发展，战国时期已开始把缣帛作为书写材料，秦汉时使用更多。缣帛作为书写材料有许多优点，可以随意裁剪，质地坚韧轻柔，便于携带和保管，故多用于绘制舆图或抄写经典。由于其价格昂贵，无法普及使用，到了魏晋南北朝，随纸张的广泛应用，缣帛的使用量锐减。但是封建王朝的一些重要文书仍用丝织品书写。直到清代，朝廷颁授文武官员的诰命、赦命等封赠文书还在使用绫锦。

简牍档案：简牍档案是指中国古代以竹木为载体而形成的文字材料。"简"是指狭长的竹片或木片；"牍"是指方形木片，主要用于一般公务文书。"策"是指若干片简编联在一起，用于记载国家重大政事和书写典籍。从现存史籍看，由于纸张出现之前，竹片、木片多用作书写材料，因而文书档案常被称作"册""典""中""简册""简牍""典籍"等。

石刻档案：树碑立传的传统习俗，使中国古代石刻档案的遗存多姿多彩，浩如烟海。早在先秦时期，就开始把石材作为记事材料，到了秦朝，石刻不仅形制多样，且数量增多，内容广泛。此时的石刻完全具有了档案的性质。石刻档案自秦代大兴后，历代都把石刻作为发布政策、记载国政大事的最好的传世材料。这是因为石刻取材容易，传世久远，便于保存，弥补了青铜器需要铸造、易于腐蚀、容字有限之不足。与甲骨、金文、简牍档案不同的是，这三者随着时代进步而逐渐作古，只有石刻档案至今仍有其生命力。

纸质档案：中国档案载体从纸质档案起发生了重大变革，取代了简牍，成为国家正式书写材料，一直沿用至今。

进入工业社会以后，开始出现声像档案，如照片、影片、唱片、录音带和录像带等。20 世纪中期以后，档案载体又发生了革命性的变化，产生了以代码形式记录在磁带、磁盘、光盘等载体上，依赖计算机系统存取并可在通信网络上传输的电子文件，这些具有保存价值的已归档的电子文件及相应的支持软件，其参数和其他相关数据被称为电子档案。电子档案的产生，是档案领域最剧烈的一次变革，它直接影响着档案工作的运作方式、基本理论乃至思维观念。

第二节　档案工作的内涵、原则与性质

伴随社会的全面发展进步和社会分工的细化，档案工作在实际开展中不可避免地牵涉到越来越多的相关组织或部门，已然不是一家之事，相反，它是一个需要多方力量协同并进的过程。在对档案工作中的利益相关者互动展开研究之前，首先要深入理解新时代背景下的档案工作是什么样的，并对利益相关者理论的主要内容有一个基本把握。

一、档案工作的内涵

"档案工作"是一个宏大的概念，其内涵远比字面上的意思要丰富。简单而言，档案工作指的是"管理档案和档案事业的活动"，这是中国档案行业标准中的释义。而在档案学教材中的解释则更为具体，如根据《档案管理学》，"档案工作"的概念能从狭义和广义两个方向来理解，狭义层面上的"档案工作"是指档案室、档案馆针对档案这一事物所展开的收集整理、鉴定保管、编目检索、提供利用服务等在内的专门业务工作，而广义层面上的"档案工作"包括国家档案事业各个组成部分的工作，其内容不仅包括这种档案室和档案馆的专门业务工作，还包括档案事业管理、档案教育等方面的工作。《档案学概论》中也指出"档案工作"在广义层面上包括档案管理、档案行政管理、档案宣传、档案教育、档案科学研究以及档案国际合作与交流等。对档案工作利益相关者互动的研究基于广义层面上的"档案工作"，由"档案工作"广义上的含义可初步推知在档案工作中所关联到的组织或机构有档案室/档案馆、档案行政管理部门（档案局）、档案提供者、档案利用者、档案教育科研机构、新闻传媒机构等。

随着社会的发展进步，档案工作的内涵也更加丰富，新一代信息技术的涌现、大数据时代的到来，无疑给档案工作增添了不少新的内容，如档案信息化建设、电子文档一体化管理、数字档案资源的管理等，档案工作所涉及的团体或组织也越来越多，其中的利益关系也更为复杂。本节认同档案学教材中关于档案工作概念的阐释，同时认为可以从利益相关方的角度来进一步理解档案工作，认为档案工作是一项需要由档案机构、档案提供者、档案立法部门、档案利用者等多方力量协同参与完成的以档案资源为主的资源分配工作与以档案相关利益为主的利益协调工作。

二、档案工作的原则分析

（1）维护档案真实性原则

维护档案真实性就是维护档案本体的实质性。建立在原始文件材料基础上的档案真实性是档案价值客观性的根基和灵魂，是档案界常常引以为豪的精神源泉，并被当作档案价值发掘的逻辑起点和档案工作中最基本的坚守。档案真实性是档案原始性的表征和档案价值的基础，是文本真实与内容真实的统一。档案真实性包括两个方面含义：一是档案材料真实地来自社会活动，准确记录了社会实践活动过程，实现了文件记录与现实的统一，这是档案本体的真实；二是档案材料真实地来自社会活动，即使文件记录内容存在与社会实践过程不相一致或虚假的成分，仍然是真实的，它也从另一个侧面记录了"弄虚作假"的客观史实，这是档案记忆的真实。

档案原始记录性是指档案本体直接来自社会生活中形成的具有保存价值的"历史记录"，是社会活动"副产品"的积累，而不是新制作或新撰写的，是包含社会记忆的自在之物。因此，维护档案的真实性，除确保文件材料的原始性之外，还要保证文件材料的完整性和稀缺性，这对于档案价值及其实现具有同样重要的意义。

档案完整性是档案自身固有的属性，它是基于档案个体、全宗或者宗群而能够独立实现特定价值的单元集合。不管是微观上的一件一卷，中观上的独立主体、行业或门类全宗，还是宏观上的国家档案体系或国家档案全宗都应当是完整的，而不应是残缺不全的。只有完整的档案或档案全宗才能建设基于不同层面的社会记忆体系，才能全面、清晰、系统地反映社会活动的事实全貌，才能在真实性的基础上发挥档案的使用价值。

档案稀缺性源自社会实践活动中直接生成的原始记录在数量上的稀少性（甚至是唯一性）及其别无他物能够替代的价值"独占性"。在相对稀缺论中，档案稀缺性，一是基于有用性的稀缺，即档案作为社会生产或管理资源要素的有用性短缺；二是基于供求关系的反映，即相对于需求，档案资源的数量、质量和有效供给总是有限的。档案的稀缺性是档案自身的客观属性和档案财富价值的基础，同时也是档案工作中，防止档案"泛滥"的基本准则。为此，要克服归档电子文件过程中不分主次、不鉴别真伪和价值的错误现象，维护归档文件质量。同时，加强档案信息密保工作，消除档案信息滥用现象，防止档案信息泄露。

（2）促进社会公平原则

促进社会公平是档案作为社会管理"工具"的理性选择。档案以事物的外脑存储和凭证性维护功能，为现代管理文明提供形式与过程更加合理的手段，促进非人格化的系统纪律建设，形成"言而有信"的纪律约束和监察纠偏机制，能够满足社会对客观公正性的价值期望。不同社会主体在中国宪法和法律的框架下，以独立的社会单元，在各自领域里从事社会活动，由此形成的档案都是自身在本领域进行社会活动的原始记录，是社会记忆不可或缺的组成部分。而完整的档案体系应该包括不同层面、不同性质的主体档案。平等保护这些档案，是建设中国新时期档案架构的根本要求，是保障档案体系完整的根本要求，缺少任何一种档案都会影响现存档案记忆的完整性和证明力，都会撕裂中国的档案文化体系，造成历史记忆的一片空白。

就档案主体而言，每个主体既是平等的档案服务者，又是平等的档案被服务者。各类主体档案被平等利用是档案价值实现平等的基础，各类主体平等地利用自身之外的其他社会档案是主体权利实现平等的保障。在"档案服务社会化"的大趋势下，中国档案平等利用的主要矛盾是国家机关和各类组织档案的"保密"与开放之间的矛盾。随着社会民主意识的增强和开放型政府建设，"档案是民主的基石"这面旗帜，越来越受到公众的尊重和景仰。在维护档案主体"保密权"和"隐私权"的前提下，档案的公正利用将推动档案不断向大众"休闲文化"的方向发展。就中国现阶段的档案工作而言，就是要强化人民群众在档案工作中的主体地位，把民办民营企事业社会组织纳入档案生态系统中，建立健全覆盖民众的档案资源体系。广泛开放公共档案资源，建立健全覆盖民众的档案利用体系。这是促进中国档案生态公平的基本措施，也是促进党和国家工作、促进社会公平的必由之路。

（3）弘扬文化正义原则

弘扬文化正义是档案文化的价值取向。社会转型期的各种社会思潮与多元主体利益通过档案文化这个通道，对档案工作通过不同的方式和途径施加影响，以达到自我主张和利益的最大实现。面对现实，档案工作必须有一个能够被广泛认同的核心价值观，作为平衡、实现各种社会诉求的共同认知和理性准则。

社会主义核心价值观是马克思主义与中国特色社会主义现代化建设相结合的重要成果，传承着中华优秀传统文化的基因，寄托着近代以来中国人民上下求索、历经千辛万苦确立的理想和信念，也承载着我们每个人的美好愿景，从而被当作文化软实力的灵魂和文化软实力建设的核心。这为档案事业的蓬勃发展提供了新的历史机遇，也为档案工作者树立了价值认同的旗帜，为档案"记忆"与"遗忘"确立了标尺，是档案工作改革的航标和档案事业发展的明灯。档案是社会正义的记忆工具，社会正义是档案伦理和社会责任的核心价值。维护公平正义、反对不公平不正义是多元档案共同的指导思想。尽管档案内容是关注"过去"，但它的实质是面向未来。档案正义的关键任务是站在档案提供的历史视角，回应当代社会正义面临的各种严峻挑战，反对不平等与权力滥用。人们追寻正义的步伐永远不会停止，档案维护正义的使命就永远不会终结。

在国家主权关系的论证中，档案可以揭穿敌方的诡计与谎言，唤起民众对国家历史的认同、自豪和尊重，激发人们的爱国热情、凝聚国民意志、增强国家的凝聚力；在社会生活中，档案所蕴含的巨大正能量，可以激发社会主体的共同意识，重塑大众的集体价值观，促进信仰、情感和意愿层面上的文化趋同，维护既有的社会秩序，促进社会和谐稳定。挖掘、释放档案在国家记忆建构中不可估量的正能量，是一切档案工作都必须始终坚守的历史使命。聚集发挥档案在社会文化建设中的正能量，既关乎档案价值及其功能的实现方向，也关乎国家安全和社会稳定，关乎党的执政能力和政府管理水平。

三、档案工作的性质

档案工作的性质应该表述为一种反映档案工作本质的属性，也是档案工作区别于其他工作的内在标志。中国当前档案工作的性质主要有：

（1）管理性

档案工作的管理性是档案工作的第一性质。档案本身具有的原始性、稀缺性等性质，决定了档案工作的首要性质应该是管理性，目的是维护好档案的完整性、安全性。当前档案工作的管理性，体现在管理文件、档案上，当然随着信息时代和大数据时代的来临，档案工作的管理性还体现在电子档案信息管理、办公系统的维护管理等方面。

（2）服务性

档案是国家机构、社会组织和个人在社会活动中直接形成的原始记录，档案工作理应具有服务性。一方面，当前由于档案部门信息技术的引进，已经实现网上档案信息服务，用户可方便地访问档案网站进行档案信息查询，实现了传统服务方式与网上服务方式相结合；另一方面，档案工作的服务对象通常具有针对性，目前来看除了国家公共档案馆的服务对象可称为全社会之外，其余的诸如企事业单位档案馆服务对象为本单位。

（3）政治机密性

在任何社会中，档案工作都具有政治机密性。首先，档案工作在整个社会中属于辅助性工作，以"利用服务"为目的，因此在一个社会中档案工作服务的对象必然是统治阶级；其次，档案工作的开展必然要遵循党和国家方针、政策以及国家档案行政管理部门颁布的《中华人民共和国档案法》（以下简称《档案法》）要求来进行，体现着统治阶级的意识；最后，由于部分档案涉及国家、民族的整体利益以及商业秘密等，所以档案工作必然要带有一定的机密性，涉密档案在封存期未满时一律不准对外开放和提供利用。

（4）科学文化性

档案是人类的历史文化遗产，档案工作具有维护社会历史真实面貌的职责，同时也兼具传播科学文化知识、为社会服务的功能。档案工作中，必然会用到科学理论与方法来指导具体工作的开展，离开这些理论和先进技术的指导，档案工作会难以为继。

（5）信息技术性

在信息技术时代，档案工作要想与时俱进，显然需要在实际档案工作中大量引进和利用先进的信息技术。当前，"档案信息化"是中国档案工作的目标，档案工作的信息化、技术化，必须要引起各档案部门的重视。从档案管理系统的开发利用到数字档案馆建设，从传统档案数字化保存到档案信息网络共享的实现等，处处体现着档案工作信息技术性的性质。

第三节　档案工作的组织体系 与制度建设

随着市场经济的不断发展，国家和企业面临着新的形势和新的起点，这就需要企业档案管理工作者顺应时代发展趋势，立足新的起点，明确企业系统档案工作的科学发展方向，创新档案工作理念，把档案管理制度和要求，深入到企业的每一项工作中，处理好企业档案管理的每一个细节。

一、档案工作的组织体系

档案工作体系的建设，不仅需要有相应的配套措施，而且也需要有和谐的环境氛围作为支撑，要把以人为本作为建设档案工作体系的基本理念。档案工作体系的建立主要是为人服务，所以要重视人的作用。在实际工作中建立制度时要考虑到实际可操作性，实际岗位落实要有针对性，安全管理要有灵活性。档案工作要提倡安全第一，档案工作体系重在强化管理，要让档案管理者在档案工作体系建设中，主动发挥自身能动性，切实有效地做好档案工作体系建设。

目前很多人对档案工作的实际社会地位都不是很认同，没有对档案工作予以充分的重视，这使得长期以来的档案管理工作，一直被人们忽视以及越来越边缘化。在这样的形势下，档案管理人员的实际专业素质令人担忧，不仅出现人员素质不高和人员流失严重等问题，而且经常出现"在工作中养老"的观念，认为档案管理部门就是一个形式，工作十分简单，属于一个养老的地方。此外，档案管理实际工作中比较枯燥，档案工作人员之间缺少一定交流，而档案管理工作人员的社会价值以及个人价值，在实际实现上有一定的差距，经常会导致人员流失情况出现。这种思想观念极大否定了档案管理工作的重要性，这种客观存在的现象也客观要求我们必须要重视档案管理工作的重要性。重视人才的培养和应用，在实际管理工作中，要重视引进高素质人才，培养年富力强而且有经验的管理人员，以此从根本上做好档案工作体系建设。

档案管理网络和档案机构以及档案人员是紧密有机结合的，要重视三者之间的关系。档案工作体系建设是一项系统工程，一定要从企业实际出发，结合企业自身实际管理模式，建立相应的档案管理网络，促使档案工作在各个方面能够形成一个网状管理系统，形成一个层层负责的管理机制。档案管理网络主要包括档案工作分管领导以及档案管理负责人，以及档案管理各岗位的管理人员，要保证从文件的形成到档案管理的各环节工作紧密结合，保证责任落实以及工作落实，这样才能做到对档案资料的控制和管理。如果不能做到这些，就会使得整个档案工作体系出现漏洞，不能有效进行档案管理工作。

二、档案工作的制度建设

没有规矩，不成方圆。科学的档案规章制度是做好档案工作的基本保证。各单位在进行档案工作时的一项重要任务，就是要制定适应档案工作需要的各项规章制度，使涉及档案工作的各个方面、各个环节都有章可循、有据可依，形成有利于档案工作持续发展的长效管理机制。

（一）制度建设的基本要求

《档案法》第十三条规定："各级各类档案馆，机关、团体、企业事业单位和其他组织的档案机构，应当建立科学的管理制度，便于对档案的利用；配置必要的设施，确保档案的安全；采用先进技术，实现档案管理的现代化。"各单位要依据档案法律、法规、规章以及行政规范性文件，结合实际情况，建立健全档案工作制度。依法性、实用性、系统性、规范性是制度建设的基本要求。

（1）依法性要求。各单位要依据档案法律、法规、规章的原则、规定，以及国家和地方有关行政规范性文件的要求，开展档案工作制度建设。所提出的要求、做出的规定都要依法有据，符合档案法律法规的有关规定，绝不能超越法律另搞一套。

（2）实用性要求。制度建设是档案法律法规在单位档案工作中的具体化。所以，各单位在制定档案工作制度时要结合实际，体现科学管理性，注重可操作性，要使制度真正能够在各部门贯彻执行。切忌制定空泛的制度，难以落实与检查。

（3）系统性要求。单位档案工作制度既包括组织管理，又包括业务工作，同时还会涉及各门类、不同载体档案管理问题。系统性要求有两层含义，一是档案工作制度是由一系列专项制度组成的管理体系，要通过制定各项档案管理制度，使管理触角覆盖到档案工作的各个方面和各个环节；二是要将档案管理的主要内容、任务纳入本单位有关管理制度之中，使档案工作制度成为单位管理制度建设体系的有机组成部分。

（4）规范性要求。制度建设是档案工作规范化、科学化的基础。为体现制度建设的严肃性，各单位在制定各项档案工作制度时，要注意规范体例和逻辑结构，尽量采用我国档案行业标准《档案工作基本术语》（DA／T1-2000）规定的档案名词术语，内容表述严谨，逻辑性强，运用准确、简洁的语言，避免错别字。

（二）制度建设的主要内容

各单位要根据档案工作的需要以及档案门类，分别制定综合性和专项性档案管理制度，以促进档案管理工作的科学化、制度化和规范化。

1.档案工作管理制度

（1）档案工作综合性管理制度。这是总体规范本单位档案工作的制度，其主要内容应包括：

①本单位档案工作的领导体制、组织管理原则、相关部门职责。

②档案机构的职责、任务、管理权限以及档案工作人员任职要求。

③档案工作的内容、范围、形式及相应保障措施，如对档案的收集、整理、鉴定、保管、统计以及档案利用等工作做出一些原则规定。具体内容应当在各专项档案管理制度中再进行细化。

（2）各门类文件材料的立卷归档制度。此类制度主要是规定各门类文件形成部门立卷归档工作职责。各单位要依据国家有关规定，结合本单位形成文件的实际需要，分别制定各种门类的文件材料归档制度。主要内容应包括各门类文件材料的归档范围、归档时间、归档要求及控制措施等，以及编制相应的档案保管期限表。

（3）档案业务工作制度。此类制度包括档案的收集、整理、鉴定、保管、统计以及档案利用与保密制度等。

①档案保管制度。主要是指室藏档案存放、库房、设备管理，档案损毁的防护措施，档案保管人员的职责及其安全保卫措施等方面的规定。

②档案借阅制度。主要是指档案室内阅览和外借使用的审批手续、利用范围，档案借阅登记、时限及利用效果登记等方面的规定。

③档案保密制度。主要是为确保室藏档案秘密与安全而做出的有关规定。

④档案鉴定销毁制度。主要是对鉴定档案的原则、标准，档案鉴定、销毁工作的组织领导，审批手续、方法步骤等具体事项做出规定。其内容为：

第一，成立档案鉴定工作小组（3～5 人）。主管档案工作的领导任组长，由档案人员和各部室熟悉业务的干部（或兼职档案员）作为小组成员。各类档案的鉴定和销毁，须在档案鉴定小组的组织下进行。

第二，根据单位各部门的工作性质、内容，档案室与各部门共同鉴别、确定档案的保存价值和保管期限。

第三，鉴定小组要及时开展对到期档案的鉴定工作，对需要继续保存的档案，重新划分保管期限；对确实要销毁的档案，编制销毁清册，由鉴定人员签字，报主管领导批准。

第四，销毁档案时应到指定地点销毁，有两个以上人员监销，监销人员需在销毁清册上签字，销毁清册存档备查。

⑤档案统计制度。主要是对档案的收进、移出、销毁、整理、保管和利用数量及构成情况进行登记和统计，以及按照档案统计报表制度的要求，对填报档案行政管理部门或上级印发的统计报表等方面做出规定。具体内容如下：

第一，档案统计工作必须坚持严肃认真、实事求是的科学态度，统计数字做到科学准确，及时完整。

第二，要按照档案行政管理部门要求，定期进行档案室基本情况的统计，统计项目主要包括：档案机构、人员、设备、经费情况；室藏档案、资料情况；档案接收、移交情况；档案、资料的借阅、利用情况；档案资料编研情况；档案鉴定与销毁情况等。

第三，要按时并按标准格式填报《档案室基本情况年报》。

第四，档案人员要对室藏档案做到心中有数，可随时向领导和各部门提供所需要的档案统计数据。

第五，要加强档案统计数据的分析工作，不断提高档案室工作水平。

2.档案工作相关制度

（1）档案人员岗位责任制度

主要是指本单位专兼职档案人员的职责、权限、任务、素质要求及考核标准和奖惩措施等方面的规定。制定者可结合本单位实际，细化档案人员岗位责任制的内容。

（2）相关活动文件资料归档制度

主要是指对通过管理本单位工作人员参加国内外重要会议、业务考察、学习等活动获得的文件、资料、实物的有关规定。具体内容包括：

①各单位工作人员通过外出开会、参观、学习、出国考察等活动带回的文件、资料要送办公室进行收文登记保存，同其他文件材料一起归档。需承办的文件，办公室按公文处理程序办理。

②工作人员外出带回的应当归档的照片、录像带、录音带、光盘、奖状、奖旗、奖杯等，应由外出人员编写说明后及时交档案人员登记、保管。

③外出工作人员送交的文件材料要齐全、完整，不得拒绝移交或者擅自个人留存。

④办公室负责督促外出人员将带回的、应当归档保存的文件或资料及时登记、归档。

在实际工作中，一些专业性较强的单位除制定以上介绍的规章制度之外，还应当根据职能活动的特殊需要，制定专业档案管理制度。

第四节　档案管理工作的发展趋势

在经济社会迅速发展的当今时代，劳动关系的转变出现了一些与社会发展不协调的地方，造成劳动人事争议案件逐渐增多，不仅对社会的稳定和谐发展造成不利的影响，也会对经济的发展带来阻碍。劳动人事争议案件的增多和复杂化，为人社局的档案管理工作提出了更高的要求，人社局应该加大对档案管理的重视程度，积极地探索和使用新的管理方法和管理模式，促进档案的高效科学管理。对现在档案管理中存在的问题进行分析，提出有效的措施提高档案管理工作的效率，可以加强档案管理各部门之间的交流和沟通，促进档案管理能够更好地发挥应有的价值。

一、档案管理工作文件材料存储的数字化

随着信息时代的到来，网络的大面积覆盖和计算机的普及给我们的生活和工作都带来了方便。随着计算机办公自动化和辅助设计的普及，从形成过程看，文本、表格、图形、图像等都以电子文档的形式保存下来，电子文件成为日益重要的信息资源。以往的档案管理方式不但烦琐、复杂，不便于保管，还占用了大量的空间，耗费了不少人力、物力，同时检测、查阅起来也非常不方便。而档案文件材料存储数字化的好处就是存储起来更方便。数字化存储档案的介质，一般来讲是 U 盘、硬盘和光盘等一系列具有大容量同时又便于修改、携带的存储设备，节省了大量的人力、物力和存放空间。所以说电子化档案将最终彻底改变档案资料、库房设施的传统观念，建立起全新的电子档案管理体系。

二、档案管理工作查询、利用和检索的网络化

档案工作的重要性之一就是归档资料的查询和利用。就城乡规划工作而言，档案管理工作就是为了在以后城乡规划和建设过程中作为重要的历史依据，便于借鉴。如果按照传统的管理方式，只能按照归档的分类方式进行固定模式、固定条件的简单查询，检索条件简单，查询结果也比较单一。如果我们实行了档案管理工作的数字化存档和管理，就可以便捷地进行任意条件的查询，可以将多种条件组合在一起进行复合条件的查询，可以根据查询目标进行大范围的模糊查询，还可以根据主题词、关键字进行全文检索，将极大地提高档案信息查询的完整性、准确性。所以档案管理工作查询利用检索的网络化，大大方便了档案的检索工作，不但节省时间还特别精准。

三、档案管理过程的现代化

传统的档案管理模式是手工登记、著录、编目、造册、检索，只能按类别、年份进行比较粗的分类，标准性差。建立计算机管理系统，可以实现档案归档、编目、查询检索和借阅管理的自动化。想保证馆库管理科学合理，一是加强馆库建设，增加软硬件投入。二是丰富档案资源，优化馆藏结构，提高档案管理的规范化和工作效率。因此档案管理工作过程正在向着现代化的方向发展，以适应信息时代的发展。

四、档案管理工作人员需求的变化

数字化、信息化时代的到来，对于档案管理工作人员的要求也将变得更加严格。我们不难分析，新的历史时期档案管理工作对于计算机人才的需求更加迫切。各单位要致力培养和吸纳计算机人才，对于本单位的工作人员要定期组

织培训，可以提前培训计算机技术人员，普及计算机知识。再者，也可以适当吸纳计算机人才，为档案管理工作注入新鲜血液。同时新的时期对于人才的需求是多样性的，是综合性比较强的，不仅仅要掌握一定的档案管理业务知识，还要掌握计算机技术，同时还要具备吃苦耐劳、兢兢业业的工作精神。因此档案管理工作人员的需求变化也要引起各单位的注意，及时培养新型人才，适应社会发展需求。

五、档案管理信息平台深化应用的发展趋势

在现行档案管理信息平台的应用基础上，可进一步规范档案数字化信息标准接口，开发档案挂接辅助工具包，采取分层分级控制，完善档案日志跟踪，强化档案元数据管理和统计报表管理，提供主动性推送服务。待档案管理信息平台逐步完善并深化应用后，将建立以高速信息网络为基础、档案数据管理为核心、内容建设为重点的统一有序的综合资源档案管理系统。仍以城乡规划工作为例，新的档案信息管理系统将实现历史、现在、将来的档案管理，涵盖城乡规划档案管理的接收、整理、利用和保管等环节，将档案管理的全部流程纳入系统的一体化管理，并与各相关业务系统关联对接，实现数据资源的共建共享，从而将档案管理信息平台进一步打造成专属城乡规划的、资源更加丰富的、功能更加强大的、自动化程度更高的数字化档案馆。

档案管理信息化建设是一项长期、全面而又具体的工作，信息化建设的实现不单是凭几个计算机技术人员就能完成的，它需要所有科技档案人员的积极参与，更需要企业统筹兼顾、全面安排，特别是依靠企业科技信息管理部门所发挥的主导作用。

第二章　档案管理的管理维度、
管理资源及管理方式

第一节　档案管理中的管理维度

　　管理维度的分析与勾勒可以说是研究探讨管理活动的出发点和立足点，也是具有指导性和方向性的工具方法。从管理内容、管理资源和管理方式三个维度对管理活动重新予以解构和勾勒，并将档案管理理论研究置于其中分维度进行考察，不仅对于验证档案学的管理学科属性、确定档案管理理论研究在管理学科体系中的地位有着重要意义，也有助于整个管理学研究视域和方法的创新和拓展。

一、管理维度的定义

　　维度，又称维数，英文一般翻译为 dimension（可理解为维度、方面），拉丁语为 dimensio。维度在数学中表示独立参数的数目；在物理学中指独立时空坐标的数目；而在哲学等领域内，维度表示具有共同特征的一些事物所构成的特定区域，此时的维度是指一种视角，而不是一个固定的数字，是一个判断、说明、评价和确定一个事物的多方位、多角度、多层次的条件和概念。

　　所谓管理维度，是在对管理活动要素类型进行剖析的基础上，对管理活动空间范围和视角方位的具备程度、判断条件和评价标准的表示，即对管理活动赖以存在的内外条件予以描述、判定和评价的概念集合。对管理维度进行描绘与构架时，一般要从两个以上具有互斥性的视角予以划分和考察，所以管理活动包含于管理内容、管理资源和管理方式三个主要维度之中。

二、管理维度分析的背景与意义

人类社会产生伊始，出于生存和发展的需要，在人们的集体协同作业中，各类自发的或自觉的管理活动应运而生，与此同时，管理思想也开始萌芽和发展；19 世纪末 20 世纪初，随着工业化大生产程度的显著提高和社会经济活动的日益繁荣，管理愈发得到重视，对管理活动的研究遂成体系并得以蓬勃发展，直至如今仍绵延不衰。而正是这些丰富的管理思想和丰硕的研究成果，为本书对管理维度的分析和探讨奠定了基础。

虽然对管理活动的系统研究始于 20 世纪初期，但管理思想的起源却可上溯到几千年前，国外古代管理思想萌芽可见于古埃及、古巴比伦、古希腊和古罗马的史籍和宗教文献。目前世界上发现的关于管理思想的最早书面记载，是五千年前西亚美索不达米亚的苏美尔人留下的。苏美尔庙宇中的祭司通过其庞大的赋税制度，收集并管理着大量的世俗财物，如畜群、钱财和房地产等，随着这种寺庙经济规模的扩大，一种早期的"公司"概念诞生了，即由一个共同的管理机构来管理一批庙宇的经济活动，这种庙宇公司实行一种双头控制制度，即一位高级祭司负责宗教和礼仪活动，另一位高级祭司则负责非宗教的世俗活动，而他们在泥板上用文字记账和记录事件等，则成为世界上最早的处于萌芽状态的管理控制系统和库存账目记录。古巴比伦王国的汉谟拉比法典，涉及有关工资、交易、奖励、责任及会计等管理问题；《圣经》中也提到许多诸如管理咨询制度、授权等萌芽状态的管理思想；雅典人的城邦制，包括它的议会、民众法院等，表明当时对管理职能的正确认识，古希腊人还提出了管理普通原则；此外，古罗马的戴克里克皇帝，实行了一种把集权和分权相互结合的连续授权制度，成功地对古罗马这个庞大帝国进行了多年的控制。这些管理思想虽然有的还处于萌芽状态，相对比较粗糙，但都成为以后管理思想发展的渊源。张文昌等人所著的《西方管理思想发展史》认为，西方古代的管理思想博大精深，源远流长，体现了西方的精神与智慧，并以古希腊、古罗马为代表，将其思想分为经济管理思想、社会管理思想、宗教管理思想等，予以梳理。中国是一个具有五千年文明史的古国，在其发展的历程中同样有许多值得骄傲的管理实践以及至今仍闪耀着智慧光芒的管理思想。叶萍在《管理学基础》一书中提出，从中国管理思想的历史轨迹来看，中国古代管理思想产生于先秦时期，最早的管理思想在《尚书》《周易》中就有所反映，系统的管理思想在战国时期就开始出现和形成，这些思想揭示了人类管理具有一些必然性和根本性的因素，具有包容性、人本性、系统性、创新性、柔和性、服务性等特点，具有极强的生命力和永恒的价值。该书还将中国古代管理思想分为系统管理思想、信息管理思想、决策管理思想、用人管理思想、行为管理思想和艺术管理思想等，并对这些思想进行一一分析。

　　和其他现代社会科学研究一样，真正系统的管理研究是受到自然科学的启迪和影响的。一般认为，管理学科的创建是以美国著名管理学家泰勒（Frederick Winslow Taylor）的科学管理为标志的。泰勒以提高劳动生产率为目标，通过工时和动作研究，制定出有科学依据的工人合理工作量和合理化的操作方法，将劳动和休息时间、工具和作业环境更好地协调起来。和泰勒同一时代的梅奥等人沿用科学试验的方法，在美国西屋电器公司霍桑工厂进行了工作条件、社会因素与生产效率关系的试验，得出社会和心理因素影响劳动生产率的结论，为行为科学研究奠定了基础。自此，管理研究逐步形成了自己的范畴体系，步入了系统、规范的轨道，管理学与哲学、历史等其他古老的学科一样，成为科学研究大家庭中的一员。

三、管理维度分析对于档案管理理论研究的意义

维度分析能引发对管理学研究视角、方法和理论框架的重新认识和探讨，增强管理学理论的拓展性和开放性，那么，管理维度分析对隶属其中的档案管理理论研究自然也能产生诸多作用和启示，最重要的是，有助于确认和论证档案学的管理类学科属性，有利于提升档案管理理论研究在管理学科群中的地位和影响，并能为有中国本土特色的档案管理理论研究探索一个原创性的突破口，具体有着以下三方面功能。

（一）以管理多维度论证档案管理学的属性和定位

档案学的管理学科属性并非一直以来就为人们所明确和关注，在中国档案管理理论研究史上，就一度将其归属于历史学的辅助学科，对此胡鸿杰指出，（档案学）"为历史研究提供素材"乃至从整体上"为历史研究服务"，并不是中国档案学基本学科结构所体现的功能，而是其学科"衍生结构"（主要如《档案文献编纂学》）的一种价值取向。

20 世纪 30 年代，以文书档案工作改革为主要内容的行政效率运动和明清档案整理热潮合力催生出近代中国档案学，产生了从《公牍通论》到《中国档案管理新论》的十三本档案学旧著。见证着中国档案学形成的这十三本旧著，反映了近代中国档案学的产生、发展情况及其得失特点。而单从书名中基本含有的"管理"二字就可明确得知档案学的学科属性。

吴宝康曾指出档案学是一门管理性质的科学，认为这是由档案工作实践与历史发展所决定的，是档案事业建设的客观需要，也被中外档案管理理论研究实际与内容所证实过。他还指出，明确档案学的管理学科性质对档案学的建设和发展具有方向性、战略性意义，是评估过去、展望未来的基点和准绳。

更多学者是基于信息的视角，提出档案学是一门（信息）管理学科。较早论及于此的是《行政学·行政信息管理·档案学》一文，该文作者认为档案文

书部门在长期的行政信息处理工作中积累了较为成熟的工作制度、程序、方法和组织规范，而行政信息管理是行政学的重要组成，也是提高行政效率的重要前提，信息管理视角是档案管理理论研究新的内容和生机。

尹雪梅在分析胡鸿杰的《中国档案学的理念与模式》一书时，提出实践性是管理类学科的基本特点，有效性是管理学的基本目标，而知识管理是管理学发展的必然趋势，中国档案学与这三个核心思想是息息相关的，因而其管理学科性质已得到了学界的普遍认同。此外，还分析得出中国档案学不仅具有一般管理类学科的特征，还有着自身特有的价值取向、社会功能和发展规律。

以上都从某一侧面和单一维度对档案学的管理学科属性予以论述，而通过管理维度分析，将档案管理理论研究置身于管理活动的三维结构中，不仅可以在每个管理维度都有所建树，还可论证档案管理理论研究在管理资源和管理方式两个维度上能够大有作为，有着其他管理类学科所不具备的优势。

（二）档案管理理论研究对管理实践的作用与意义

档案学既是一门管理性质的科学，也是一门应用学科，来源于实践，也必将回归实践。许多学者认为，现在的档案管理理论研究似乎离档案工作实际越来越远，陈永生曾指出，档案管理理论研究主要存在对档案工作现实问题研究少、对现实问题的非现实化研究多、理论观点移植中的生搬硬套等问题；而张晓在分析档案管理理论研究中的理论脱离实践现象时，更是十分尖锐地指出，一则看到档案的地方看不到学科，二则看到学科的地方看不到档案。前者是指由于档案学是一门应用性较强的学科，研究人员如同处理实际问题那样对待档案学理论，常以随感形式做研究，长于罗列问题和现象，导致有学者指出这种状态的档案学是为"实用经验体系"；后者是指惯于跟风生产出大量的时兴之作，或从其他学科引进技术、公式或原理，与专业实际和工作实践缺乏必要的结合，理论根基匮乏，学科内在研究重点和方向不明，忽视档案专业自身的理论创新发展和知识积累，实践指导性不强。

基于管理维度分析去认识和考察中国档案管理理论研究，不仅能引发对档案管理活动的重新认识和把握，助于理解和深度挖掘档案信息资源，而且能凸显其对管理的保障作用，有利于减少或避免管理资源重复建设，一定程度上能改善对管理资源的浪费或漠视现象，从本源上促进管理资源的最优配置；更能凸显档案管理理论研究在社会和机构管理各个维度中的作用与功能，如对管理活动中文件方式的全面分析和梳理，有助于管理方式的规范与创新，为解决当前诸多社会管理问题提供新的思路和方法，具有实践意义和现实价值。

（三）档案管理学的研究空间和方法要拓展与创新

经过多年的发展，我国档案管理理论研究已经取得比较大的成绩，但也存在着诸多不足。宗培岭将其存在的主要问题归纳为缺乏整体性、缺乏问题意识、缺乏学派、缺乏原创性等四个方面。对此潘玉民表示赞同，并尖锐地指出，我国档案管理理论研究整体上开放不够，社会认可度不高，没有抽象出具有中国特色的档案学理论。此外，精品著作少，学术监督缺失，规范性不够，研究成果的低水平重复，标题、内容雷同的论文比比皆是。这些都导致我国档案学理论研究在国际上基本没有话语权，完全陷于西方语境。在研究方法方面，虽然许多学者致力构建档案管理理论研究方法体系，潘连根也曾将这些成果归纳为"层次说""过程说"和"罗列说"，但至今尚未形成公认的有专业特色的方法论，即便是中国档案学界泰斗吴宝康，其研究仍主要是"坚持以马克思主义、毛泽东思想为指导，坚持理论联系实际，坚持批判性思维方式，坚持综合运用多学科研究方法"，这些通用的社会科学研究方法和指导思想，当然应为档案管理理论研究所利用和发扬，但专业特色的缺失使之不能成就档案学方法论体系。在管理维度分析的基础上，对档案管理理论研究予以重新审视和梳理，不仅有助于拓展档案学的研究内容，创新其研究方法，还有利于认识和理解档案管理理论研究在管理内容维度上的基础性功能，发掘档案管理理论研究在管理资源建设和保障上的特有优势，同时将文件方式定位为通用的基础性管理方式，还能有效提升档案学在管理科学体系中的地位和影响。

第二节　档案管理中的管理资源

资源是管理活动开展的前提和基础，管理内容能顺利完成、管理目标能得以实现，不仅必须拥有足够的人、财、物和信息等显性、半显性资源，还有赖于必要的权力、人脉、文化等隐性管理资源。胡鸿杰指出，中国档案学实际上是一种关于管理资源重新配置与整合的理论模式，作为一门成就了数十年的管理类学科，其本身就是一种可资利用的资源，在理论上和实践上都有相当的发展空间，已经具备了扩展和发展的资格。可见，面向管理资源无疑意味着档案管理理论研究的价值增长点。

一、管理资源的含义

资源在词典中的解释为：生产资料或生活资料等的来源，包括自然资源和社会资源。本书所述的管理资源即为管理活动所需的资源。一般认为，所谓管理资源无非就是传统的"人力、物力、财力"资源，再加之近年来比较吸引眼球的"信息资源"，而资源管理就是人力资源管理、物业管理、物流管理、财务管理、信息资源管理等，这些理解和认知比较通俗易懂，但同时也略为粗浅，因为这些观点对管理资源缺乏深层次的思考与研究，只注意到了显性的基础性资源，忽略了规则、权力、人脉、文化等半显性或隐性的"特有资源"。管理资源包括显性资源、半显性资源和隐性资源，前者如人力资源、物力资源、财力资源，中者如技术、规则和信息资源等，后者诸如权力、人脉和文化等，显性和半显性资源是管理活动中的"资质因素"，而隐性资源是其中的"动力因素"，这些关键、重要的管理资源实际上都是管理的命脉。

管理资源还可分为基础性资源和"特有资源"两个层次，前者如人力资源、物力资源、财力资源和信息资源等，为管理活动提供外在保障；后者诸如规则、权力、人脉和文化等，为管理提供内在保障。管理活动中的两类资源都是不可或缺的，如作为管理"特有资源"的"权力"是一种单方面的影响力，"单方面"是指权力的"非对称性"，这种"非对称性"的资源是稀缺的或者具有潜在稀缺特征的资源；规则包括"明规则"和"潜规则"，具体形态包括规章制度、道德法律、风俗习惯、社会结构等，规则的形成和行使是建立在特定的权力诉求之上的，而规则肩负着"权力诉求"载体的重任，离开规则，管理活动无法进行，管理目标也就无法实现。

关于管理资源的档案管理理论研究包括两方面：一是研究文件（档案）内容信息的开发与利用，作为管理活动重要的基础性资源之一，信息活动贯穿于各管理环节之中，其中的文件（档案）信息更具确定性和凭证性，能直接服务于管理的决策和组织，在管理活动中具有不可替代的作用；二是研究文件（档案）如何实现对其他管理资源的保障，特别是在保障权力和文化等隐性资源中的功能和作用。

二、以管理资源为前提的档案管理理论研究

（一）资源管理与管理资源之间的区别与联系

资源是一个动态的概念，不同的生产力水平和认知条件下，其内涵与外延有所不同，但不变的是资源必须是与人类需求相关，并且是在人类活动中可资利用的事物，即可利用性是所有资源的本质特征。

关于"管理资源"，通过前文的分析可知，本书将其理解为管理活动所需的资源，不仅指人力、物力和财力等显性资源，还包括技术、规则和信息资源等半显性资源，以及权力、人脉和文化等隐性资源，显性和半显性资源是管理活动中的"资质因素"，而隐性资源是其中的"动力因素"，这些资源都是管理的关键与命脉，不可或缺。

至于"资源管理"，通俗地理解，就是对各类能满足一定主体需求的对象

进行有效控制、加工、配置及利用的过程，常见的如人力资源管理、物资管理、能源管理、信息资源管理等。金更达将其定义为对数字图书馆的各类资源进行维护、组织、存取并提供有效服务，这是从信息资源管理的视角出发的。杜志敏等认为，资源管理是指对人力、技术、经济、信息等资源的管理，良好的资源管理应实现这些要素的统一。陶志梅等指出，资源管理问题是公共管理研究的重要课题，研究资源管理能更好地发挥政府和公共职能，有利于引导市场和企业提升其核心价值、保持其竞争优势，资源范畴的拓展是公共管理和企业管理理论发展的共同需要。

"管理资源"与"资源管理"是既相联系又相区别的两个概念。两者之间的联系在于，都包含了对资源的关注和重视，只不过在对"管理资源"的研究中，一般会同时考察和比较多种资源的状态和效用，而在研究"资源管理"时，往往只着眼于某一资源，而对该资源的探讨相对更为深入和全面。同时，在任何资源管理活动中，都需要管理资源的保障和支撑，而任何管理资源也都可以成为资源管理的对象，两者是互为条件、相互依存的。

区别在于两者关于资源的内涵有所不同，这导致管理资源的外延相对较小，也就是说，几乎所有资源都可作为管理的对象，而管理资源只是其中对管理活动有益的那一部分。此外，这两个概念的出发点有所不同，"管理资源"的提出是为了探讨资源在管理活动中的功能和效用，其研究基点是管理活动；而后者研究的则是特定的资源，即如何利用适当的管理方式和手段，实现对某类资源的有效组织、加工和配置。

（二）档案管理理论研究回归管理资源的缘起与依据

1.研究起源

为大多数学者所达成共识的是，近代中国档案学形成于 20 世纪 30 年代，其形成直接起源于两个历史原因，一是南京国民政府发起的"行政效率"运动；二是故宫博物院为满足史学界利用档案的学术需要，开展的历史档案的清点、整理和编辑出版工作。吴宝康则提出，新中国的档案学源于档案工作实践，是适应新中国档案工作实践需要而发展的。

彭丽玲在对中西档案学形成背景比较时认为，与中国档案学的形成主要来自外力推动（即指"行政效率运动"）不同，西方档案学形成于内力的作用，是档案工作实践发展到一定程度的产物，因而在形成之初就把如何更好地为公众服务作为其价值取向和研究的首要目的。

其实，无论是为政府行政管理效力，还是为社会公共与文化管理所用，抑或直接服务于档案管理自身的活动实践，均起源于对特定管理活动的有用性和价值功能，按照"有用即资源"的道理，档案管理理论研究从诞生之日起就带有深深的"资源"烙印。

2.学理依据

吴宝康将档案学定义为："是揭示档案和档案工作的性质、功能和发展规律，研究档案信息资源的管理、开发和利用的理论、原则与方法的科学。"对此，彭志斌认为该定义明确地将"档案信息资源"作为档案学的研究对象，在学理上是成立的。管先海也提出，当代档案学的理论基础应定位为档案信息知识管理理论，而档案信息知识管理是一种以档案信息为基础、以档案信息知识创新为目标的实实在在的资源管理。虽然他们都主要强调档案管理理论研究在信息资源方面的作用和作为，但这正是资源维度档案管理理论研究的根本和基础。

胡鸿杰则明确指出，中国档案学并不缺乏影响整个管理学科的研究领域，至少在管理方式和管理资源这个维度上都是大有作为的，管理过程的系统分析和管理资源的重新配置与整合是其最有价值的部分和基本的理论形态。

3.实践依据

档案的信息属性已经为大多数人所认识和重视，与其他类型的信息资源相比，以其真实性和可靠性而取胜，极富参考和利用价值。管理活动中利用档案信息资源辅助决策的案例不胜枚举，如辽宁省档案局（馆）经过对馆藏的认真调研，不定期编辑《辽宁档案资政》，报送省委省政府领导参阅，先后为开发该省金矿资源、推动温泉旅游业等重大决策提供了思路和参考依据。同时，随着人们参政议政和维护自身权益的意识逐渐增强，对公共管理程序和决策依据有着更多的期望和知情权，相关档案信息也就成为维护政府公信力和社会稳定的重要资源。

不仅档案信息是一种管理资源，档案工作本身也能服务于机构与管理，重庆钢铁集团档案馆的实践就是一个亮点，不仅用丰富的档案资源充分展现自己的成就和实力，还对前来考察的洽谈者，允许其在重庆参与公务活动期间进行全程摄像记录，并制作成光盘作为客户离别时的纪念礼物，以此来传递重钢的人性和诚意，为重钢赢得了巨大的经济效益和良好的社会效益。

此外，档案学的应用研究与部分基础理论（如来源原则、文件生命周期理论等），在直接指导档案管理实践中一直发挥着巨大的作用和功效，正如林清澄等人所述，档案学理论本身就是一种特殊的资源，同其他科学理论一样，对管理活动和实践具有指导功能、预见（测）功能和解释功能，这些功能都是其价值的体现和资源的表征。

据上分析可见，档案、档案工作和档案管理理论研究成果都可以成为特定管理活动实践所需的资源，而这些都是档案管理理论研究的内容。因而可以认为，面向管理资源的研究其实是档案学的理性回归，绝非标新立异或哗众取宠。

（三）以管理资源为前提的档案管理理论研究的本质与特点

面向管理资源的档案管理理论研究在本质上具有双重性：一方面要研究其自身作为资源的属性和规律，即作为信息的一般性征和专有特质，研究文件（档案）内容信息在采集、描述、组织、检索、存储、传播、开发与构建等方面的规律；另一方面，要研究档案与档案工作的资源保障功能，既包括对人、财、物等显性管理资源的信息保真与保全，还要探讨对半显性和隐性管理资源的挖掘与控制。这种双重属性和功能，决定了资源维度的档案管理理论研究具有如下特点。

1.用户导向

用户导向是资源维度档案管理理论研究的本质要求，因为资源的首要属性就是其之于主体的价值和有用性，离开对用户需求和用户倾向的了解和把握，资源的开发与保障研究就会失去动力和目标。这里的用户不单指资源的利用者，而且包括管理活动的所有主导者和参与者，其中自然也包含以机构和团体为单位的管理主体。

2.技术依赖

基于资源的视角研究档案管理活动，必然要对文件（档案）的内容进行描述、组织和提供利用，再用传统方式去处理海量的信息变得十分困难，对信息技术的运用和依赖就成为必然。此外，由于文件（档案）信息的一次管理无法满足不同层面、不同类型的用户需求，还要对其进行挖掘、开发和构建等深层次的加工处理，技术的进步为其提供了可能和便利。在这样的背景下，对技术的关注和依赖，就成为面向管理资源档案管理理论研究的重要特征。

3.服务优先

与内容维度的过分强调资源本身的安全性不同，资源维度的档案管理理论研究秉承用户至上、服务优先的理念，不仅强调开放利用，而且对资源的可用性和易用性十分关注，将用户、效率和效益等置于主要和主导地位。正因如此，这一维度的档案管理理论研究及其指导下的档案管理活动，往往更具开放性和拓展性，能涉足更宽泛的领域，开发更丰富的功能。

（四）以管理资源为前提的档案管理理论研究的意义与作用

资源是管理活动开展的前提和基础，管理内容能顺利完成，管理方式能发挥功用，都有赖于管理资源的支撑和保障。管理资源维度档案管理理论研究的双重功能和多样特征，使得其具有不凡的意义与作用。

1.能推动档案管理活动理念与方式创新

资源维度的档案管理理论研究关注用户、强调服务，这对固守封闭的档案管理模式无疑是一个冲击，要求档案工作者在服务理念和管理方式上都有所创新，能推动档案工作的不断革新和改进，促进机构信息资源的结构优化。同时，面向资源的研究成果能直接指导档案管理实践，提高档案实践工作者信息处理能力和服务水平，进而提升档案工作和人员的社会影响力。

2.能促进管理资源的配置优化与价值增益

加强文件（档案）内容信息的开发与利用研究，有助于管理主体对人、财、物等资源的全面把握和实时调配，有利于对权力和人脉等隐性资源的适度利用，以保证资源配置的合理性和时效性，在管理活动中具有不可替代的地位和作用。充分全面地发挥档案的资政决策功能和检测评价功能，事实上已经实现了档案这种资源的价值增益与转化。

3.能提升档案学在管理学科群落中的地位

档案本身是重要的管理信息资源，档案工作在管理活动中能对包括自身在内的各类资源予以保障和优化，而这些都是档案管理理论研究的对象和内容，也是其优势和强项。从资源维度去认识档案学能提升研究主体对本学科的认知度和自信心，有利于引发其他管理类学科乃至整个科学界对档案管理理论研究的肯定和重视，进而有效提升档案学的学科地位和尊严。因而可以说，这一维度的探讨和成果是档案管理理论研究的价值增长点。

三、档案管理中档案信息资源的一次管理

中国人民大学的刘耿生认为，档案信息资源的开发、利用是有层次的，并在其《档案开发与利用教程》一书中分为第一次开发、利用和第二次开发、利用等。他认为对档案信息资源的第一次开发、利用，是指按一定原则和要求，对档案原件进行收集、分类、鉴定、统计等处理，并编制检索工具的过程，主要是对档案实体的开发，也可以称为第一次整理，其目的是方便读者利用，并保护档案原件。而第二次开发、利用，或称第二次整理，是对档案信息内容进行开发、利用，即按照社会利用规律，将价值较高的档案信息予以抽取，经过科学的再加工，生产出档案文献信息产品的过程。这种认识是针对纸质等实体档案而提出的，虽然不能直接用于对数字环境下档案信息资源的开发层次划

分，但不无借鉴意义。

有基于此，本书提出档案信息资源管理可划分为两个层面：一次管理和二次管理。前者是指通过对文件（档案）信息的采集、描述、组织、检索、存储、传播与服务等，保障档案信息资源的可用性；后者则是针对档案信息资源的内容与特征，对文件（档案）信息进行开发、构建与营销，旨在实现档案信息资源的易用性。

本节将分别对文件（档案）信息的采集与描述、组织与存储、传播与服务等方面的研究予以适度展开。当然，探讨档案信息资源的一次管理也离不开文件（档案）信息检索的研究，且现代档案检索与信息检索在原理上是相通的，在技术上是互用的，在研究上是重叠的，故此不再赘述。

（一）文件（档案）信息的采集与描述

1.档案信息采集

所谓信息采集，指的是信息机构和信息人员，根据一定的目的和需求，通过购买、征集、交换等方式，获取各种形态的信息并予以汇集的过程。信息采集来源包括文献型信息源（如图书、报纸、期刊、政府出版物、公文、报表等），口述型信息源（如电话、交谈、咨询等），多媒体信息源（如广播、电视、多媒体数据库等），实物型信息源（如展销会、博览会等）。

广义的档案信息采集，是指对档案及其相关信息进行捕获、登记、分类、添加元数据和存储的过程。就获取途径而言，可分为原始信息采集和二次信息采集两大类，前者是指从实际对象直接取得的第一手信息，后者是对他人业已收集或积累的信息资料的再收集。而从采集对象来看，可分为三类：一是档案的内在信息，即档案的内容信息，这是档案信息的基本部分：二是档案的一般特征信息：三是档案的历史联系信息。狭义的理解仅指捕获和登记档案的内容信息。

档案信息采集是档案信息资源管理的前提和基础，是档案信息资源一次管理的起点，其质量的好坏决定了档案信息管理整体水平的高低，可见，研究档案信息采集具有极强的实践指导价值。同时，由于档案信息的特殊属性，如要求保证其真实性、完整性和可靠性、可用性，因而对信息采集的研究还保证了其他环节相关研究的顺利展开和价值实现，具有理论基础意义。档案信息采集研究的主要内容有：档案信息采集的意义与基本要求、档案信息采集的对象与特点、档案信息采集的原则与方法、影响档案信息采集的内外因素研究、档案信息采集的标准与评价等。

现有研究大多关注档案信息采集的技术和应用层面。如赵英红探讨了使用Infopath 进行档案信息采集、回收及数据处理的方法，旨在为企业档案管理提供便利。张甫学等在考察多种档案管理系统以及业务应用软件与数据特征的基础上，对档案信息采集方式与接口标准进行探索。纪秋等对人事档案的信息采集与现代化管理进行专题研究；高海燕等在综合分析信息技术特点和城建档案特殊性的基础上，结合保定市城建档案工作实践，探讨了城建档案信息采集与管理系统的设计与应用。这些研究都将信息采集独立于档案信息管理的其他过程，虽然不甚科学，但也突出了其对采集环节的关注和重视。

网络和数字技术是现代档案信息采集所必须面对和依赖的，相关研究十分丰富。汤道銮等以南京大学档案馆为例，探讨了互联网上档案信息的实时采集，并分析了网络信息采集与服务对档案工作的影响；屠跃民等探讨了数字档案信息的采集类型、采集过程、采集格式以及元数据的描述和采集等方面的问题；韩素君研究了馆藏档案数字化信息的采集方法；胡红霞梳理了数字档案馆的信息采集技术，并对其信息采集的系统功能、结构和模块进行了研究。

针对现有研究在理论上缺乏深度和创新的问题，笔者提出了"开放存取"的理念，认为有必要在提倡档案信息资源开放利用的同时，加强资源采集工作的开放性，即提供开放、便利、多样的档案信息收集渠道，让档案信息有条件自行"进馆"。这是针对传统信息采集模式所存在的矛盾而提出的：一方面，鉴于档案馆的声誉和公信力及其优越的保管条件，社会档案信息持有者有意将自己重要的档案资料保存于档案馆，却缺少进馆资质和途径；另一方面，虽然档案资源在逐年增加，但富有特色、让用户感兴趣的档案却不多，而档案工作为了更好参与公共管理、紧密服务于中心工作，也需要征集各种特色资源。"开放采集"则有助于两者的结合，实现双赢乃至多赢，而网络和计算机的普及，为档案信息资源的开放采集提供了新的渠道和更为有利的条件。有人担心开放采集可能带来档案资源的混乱和存储上的压力，这是没有必要的，其实与档案的开放利用一样，开放采集同样是有条件的，也并非全部免费的，必须依据标准和规范进行认真鉴定，只有符合规定的才予以保管、寄存或者征购，其余则需收取一定的费用或者不予进馆。开放采集提出的本质是要求通过提供多样便捷的渠道，实现档案资源采集活动的社会化和常态化。

2. 档案信息描述

档案信息描述是指按照一定的规则和技术标准（如档案著录规则、档案与电子文件元数据标准等），对档案信息的外在特征和部分内容特征进行系统说明并予以记录的过程。信息描述以文件（档案）信息的外在特征为主，但也不乏对内容特征的描述，具体包括对档案信息的物质形态、主题内容和形式特征等进行分析、选择和记录。

首先，通过信息描述，能将文件（档案）信息的内容特征（如概要、主题等）、外表特征（如责任者、题名、密级、来源出处、形成时间等）和物质特征（载体类型、装订、页册数等）加以表述和记录，能有效揭示文件（档案）信息的内涵与特征，加深对信息的理解和把握。可见，研究档案信息描述，有利于提升对文件（档案）信息识别和揭示的水平，从而更好地对海量的档案信息资源进行有效的组织和定位。其次，通过对档案信息描述的研究，有利于把握并依据档案信息和用户的特点，同时通过对信息描述结果数据的分析，科学地选择和确定检索点，以提高档案信息检索质量和利用水平。此外，相关研究还能加强档案信息描述标准和格式的兼容性和统一化，这极大地方便了不同档案机构之间的信息交换，也能据此实现异构资源的整合和共享。

档案信息描述研究的主要内容有：档案信息描述的原则与要求、档案信息描述的基本方法与技术、档案信息描述的标准与标准化研究、专业或专门档案的信息描述、不同载体类型档案的信息描述等。

我国档案界对信息描述的研究尚属起步阶段，且由于信息描述与信息组织及检索在内容上有诸多的重复和重叠，而档案信息描述属于文献信息描述的具体应用，所以，目前针对档案信息描述的专题研究成果偏少，而专著更是鲜见。

（二）文件（档案）信息的组织与存储

1.档案信息组织

档案信息组织是基于对信息内容、结构、形态特征的分析和描述，根据检索和利用的需要，对文件（档案）信息进行选择、标引、处理和储存，使其成为有序化集合的活动过程。一般认为档案信息的组织有分类组织法（如职能分类）、主题组织法（如档案主题词分类）、时空组织法（如大事记与年鉴）、字顺组织法和随机组织法等。

档案信息组织是档案管理的重要环节，一则它本身就是加工和开发档案信息的主要手段，二则能为档案信息的检索和传播做好铺垫和准备。研究档案信息组织，有利于优化和丰富信息组织的方式手段，通过甄别、重组和精化信息，促进档案信息的有序化，以充分有效地利用存储空间，在一定程度上解决档案信息分布的普泛性和信息效用个体性之间的矛盾。

档案信息组织研究的主要内容有：档案信息组织的发展和特点、档案信息组织的目的和作用、档案信息组织的原理与理论基础、信息组织的原则与方法、影响档案信息组织的内因和环境分析等。

何嘉荪是国内较早研究档案信息组织的学者，借助系统学、耗散结构理论等对档案信息组织的必要性和重要性予以论证。

由于专业档案、专门档案和特殊载体档案信息组织具有自身的特点和要求，所以相关研究成果比较丰富。如周美兰探讨了城建档案数据信息的组织。胡立耘探讨了声音档案数字化信息组织的方法与策略，如建立目录信息系统、关注元数据标准、建设开放式数字平台等。王心裁等在分析超媒体、超媒体数据库、现代档案的特点及其信息组织要求的基础上，从思想设计、模型构建和具体实现三个层面探讨超媒体数据库技术在档案信息组织中的应用。

对网络环境和数字格式的关注，是档案信息组织的另一个热点。曾娜的博士论文就是研究网络档案信息资源组织，该文从网络档案信息资源及其组织概念界定入手，在相关调查的基础上，确定了网络档案信息资源组织的原则、功能和流程，探讨了组织方法并进行方案的设计和例证分析，最后研究了网络档案信息资源组织机制问题。郭晓云在分析各种信息组织方式特点的基础上，从在线检索、全文检索、元数据标准、分类体系等方面，对中外主要档案网站信息组织方式予以对比分析，并探讨了所存在的问题和发展方向。洪漪则对比论述了传统和信息网络环境下的档案信息组织方式，认为传统的档案信息组织，按内容揭示程度可分为目录、索引、文摘组织法等，按特征揭示角度有分类、主题、代码、题名、责任者组织法等，按排序方式可分为编号、字顺、时序组织法等；而网络环境下档案信息资源的组织方式有主页方式、自由文本方式、超文本超媒体方式和联机目录方式等。

至于档案信息组织的前景与未来，王兰成提出知识集成环境下档案信息组织的发展方向是档案知识组织，并探讨了相关策略。

2.档案信息存储

有人提出，信息存储是有组织的信息表现形式，是一种异时信息利用行为，属于广义的信息组织的构成部分。这里包括将所采集的信息记录于特定载体之上，将这些信息载体有序化，以及保证信息的长期可用性等三层含义。因此，简而言之，档案信息存储就是应用先进的技术和手段，对所采集或拥有的档案信息资源进行科学有序的存放、保管，以备利用的过程。

档案信息资源的逐步数字化和虚拟化，使得档案信息资源的异地存取、异时利用成为可能和趋势。对档案信息存储的研究顺应了这一潮流和走向，在保证档案信息资源的完整、安全、及时获取和长期有效等方面都具有指导意义和导向功能，能促进档案信息资源的共建共享和充分利用。

档案信息存储研究的主要内容有：档案信息存储的发展历程，档案信息存储技术与方式，信息存储的介质、装具和设备研究，档案信息存储程序与要求，档案信息存储的安全问题，档案信息存储的环境要求等。

信息存储是计算机科学和网络信息技术领域的研究热点，相关成果颇为丰富，中国知网收录的归属于计算机软件及计算机应用研究的相关论文有 7 646篇，计算机硬件技术研究的相关论文有 2 226 篇，互联网技术研究的相关论文有 1 550 篇，图书情报与数字图书馆研究的相关论文有 1 107 篇，其中许多论文可以直接用于档案工作和档案管理理论研究。但档案信息与其他网络和文献信息资源的差异性，使得针对档案信息资源存储的专门研究显得十分必要，虽然到目前为止有 178 篇论文对此有所涉及，但专题研究不多，主要有如下成果。

在内外影响因素方面，周翠莲等针对档案管理信息化环境下，移动存储介质应用中存在主动泄密、交叉共用、明密不分、维修泄密、数据还原、摆渡攻击等问题和隐患，提出对应的安全策略。王放则探讨了档案信息存储基地建设问题，认为档案信息存储基地概念的提出，是档案馆保管功能的延伸与拓展，是档案工作向社会化、信息化转变的新思路。唐跃进等研究了数字档案信息存储与灾难恢复。

在技术与方法问题上，较早的有任东方探讨将缩微摄影技术、计算机与光盘技术等当时比较先进的技术运用于档案信息存储中的有关问题。宫明利通过对信息存储技术及载体的比较分析，探讨了当前数据存储与备份的主流方法，并提出档案馆藏数据存储备份的方案。郎斌则对目前在网络中应用的三类存储设备——DAS（直接连接存储）、NAS（网络连接存储）和 SAN（存储区域网）的优缺点进行分析，并指出档案馆存储系统的选择是实现 NAS 和 SAN 的融合。

至于档案信息存储的发展趋向，江涛探讨了全息存储的背景、全息存储技术及其特点、全息存储对材料的性能要求、常见全息存储材料及其特性，并据此提出全息存储是档案信息保存的新领域。

（三）一次管理与管理程序之异同

本书对"档案信息一次管理"的研究，内容涉及文件（档案）信息的采集、描述、组织、存储、传播与服务等，与档案收集、整理、鉴定、保管、检索、编研、利用与统计似乎有重复之嫌，且两者在管理维度上的定位貌似也难以区分，有必要予以辨析。

一方面，两者的区别是明显的。首先，两者的研究目的不同，对档案管理程序的探讨，是为了验证和说明传统档案管理理论研究对"程序（或过程）"的关注是属于管理内容维度的，而论述档案信息一次管理则是基于管理资源的视角，一则为下文档案信息二次管理及管理资源的信息保障的提出和研究做必要的铺垫，二则一次管理是对档案信息自身"资质"的基本保证，也就是说，档案信息之所以能成为管理资源，离不开档案信息的一次管理；其次，两者的导向不同，如前文分析，档案管理程序相关研究属于内容维度，其理念是任务导向，因而程序本身就是其关注的对象，而档案信息一次管理的相关研究是基于资源的维度和视角，属于用户导向，管理程序只是其目标实现的途径，最终目的还是资源的利用和效用的发挥；再次，两者的适用对象不同，前面所说的管理程序主要是针对传统档案的载体和内容而言的，而档案信息一次管理研究富有时代特征，既强调传统形式档案的内容信息，也能反映数字环境下的档案资源特征，更具概括性和包容性。

另一方面，两者的联系也是紧密的和必然的。本研究对"档案信息一次管理"和"档案管理程序"研究内容的表述，都是基于过程与流程的角度予以划分和展开的，而程序和流程在本质上归属于管理的内容，因而这两部分的相似就难以避免；再则，管理活动的维度划分既是绝对的，也是相对的，资源与内容的关系十分紧密，任何管理内容的实现离不开资源的支撑，而几乎所有的资源也都能成为管理的对象和内容，实践和现实既然如此，研究就自然无法割裂两者的联系，"档案信息一次管理"虽然目标和导向都是实现资源的效用，但必须通过一定的形式（即成为管理的内容）才能得以进行和体现，否则就是无本之木、无源之水。

四、档案管理中档案信息资源的二次管理

如前所述，对文件（档案）信息的采集、描述、组织、存储、传播与服务等属于档案信息资源的一次管理，这是档案信息之所以能成为资源的基本保障，即一次管理旨在保证档案信息资源的可用性；而随着档案信息资源的日渐丰溢和复杂，一次管理已经无法满足档案信息用户的多元化和多样化需求，有必要对文件（档案）信息从内容上进行开发，在形式上予以构建，在手段上实行营销，即对档案信息资源进行二次管理，目的是实现档案信息资源的易用性，促进档案信息资源的效用最大化，进而提升档案工作的层次和水平，二次管理的提出也对档案学在资源维度的研究产生积极影响。

（一）文件（档案）信息开发

对文件（档案）信息开发的含义有不同的理解，王景高认为国外有两种观点，一种认为开发就是"对档案文件及其所含信息进行整理和编目"，另一种是认为开发还包括提供咨询服务和促进利用，他还将国内的理解分为五种不同观点。笔者通过文献调研，认为目前将文件（档案）信息开发仍定义为"编目与索引"的已经比较罕见了，主要有狭义和广义两种理解：狭义的理解为根据用户需求和馆藏实际，将档案中蕴藏的信息挖掘出来，以实现档案价值最大化的过程，这种理解认为文件（档案）信息开发是一个高层次的劳动创造过程，不同于收集、整理、编目等一般档案管理工作环节；而广义上的理解不仅包含了狭义的理解，还包括档案信息一次整理的全过程在内。本书持前一观点。

研究文件（档案）信息开发是档案事业发展的需要，也是资源维度档案管理理论研究的本质要求。一方面，能直接指导档案工作实践，有利于激发档案信息工作者的积极性和创造性，提升档案管理活动的层次和水平，促进档案资源的深层次挖掘和充分利用；另一方面，也能开阔和拓展档案学的研究视域，强化档案管理理论研究的功能和价值，进而有助于档案学的学科地位提升和可

持续发展。

文件（档案）信息开发研究的主要内容有：文件（档案）信息开发的含义与内容、开发的特征与意义、开发的原则与要求、开发的技术与方法、开发的层次与过程、开发的组织与人才研究、文件（档案）信息开发的效益分析与趋势研究等。

由于档案信息开发的重要价值和可拓展空间，此类研究成果颇为丰富，近年来还呈持续上升的态势。辽宁省档案学会就召开了"进一步开发档案信息资源"学术讨论会。

在对政策方面的研究上，林真分析了我国档案信息开发政策的形成与特点，评价了现有成效及存在的问题，并提出完善的意见。马海群在明确档案信息开发利用及其顶层设计意义的基础上，从国家层面分三方面（规划设计、制定与标准化体系建设）探讨了档案信息资源开发利用的核心要素。张丽娜等基于对档案信息资源开发利用中的问题的分析，厘清其合法性与合理性的关系，并提出相应的可行性措施。

技术与途径方面，朱学芳探讨了不可见水印技术（即水印嵌入保护技术）、可见水印保护技术、可逆可见水印在数字档案原始权威性保护和长期真实可用性中的应用，以促进数字档案信息资源的开发、高效使用与保护矛盾的解决。孙爱萍从合作的动因、途径和方式、原则等角度探讨了档案信息资源开发合作战略的实现。

对此，湘潭大学的陈艳红统计分析了两种核心期刊上发表的相关论文共162篇，将30年间我国档案信息资源开发利用的研究主题分为：开发利用理论与方法的一般性问题、国外的理论与实践、档案信息资源开发利用与现代信息技术的应用、开发利用与政府信息公开、开发利用的机制过程与环节、用户研究、法律政策、开发利用的价值及评价、科技档案信息资源的开发利用、企业档案信息资源开发利用、公共档案馆档案信息资源的开发利用等10余个主题。

档案信息开发研究的核心作者主要有南京大学的吴建华与黑龙江大学的倪丽娟。吴建华早已关注此类问题，他的《关于档案信息资源开发的思考》一文,从档案信息资源开发的含义及特征分析入手,探讨了档案信息资源开发的具体内容,并提出档案信息资源开发的主体包括档案工作者和档案信息利用者两个方面。其后,吴建华又以专著的形式探讨了科技档案信息资源开发策略。

倪丽娟早就开始关注信息化背景下的档案信息资源开发问题,认为社会信息化使得档案信息存在和传播方式发生转变,为此必须解决指导思想、思维定式、开发职责、技术等方面的问题,并提出要从完善组织信息化工作体制、档案信息形成机制和利用机制等方面予以应对;她在分析传统档案信息资源开发模式局限性、社会发展的基本特征及其档案信息诉求的基础上,从档案信息资源开发理念、开发制度和开发方式三方面,探讨新型档案信息资源开发模式的构建;提出责任档案信息的概念,并探讨综合档案馆如何进行责任档案信息的管理与开发。随后,又通过解读和审视社会实践管理理性化,并对档案信息资源开发的社会环境进行分析,提出开展档案信息资源开发试点工作、提升档案信息化水平、向行政管理部门提供策略等方式,以促进档案信息资源开发。

李欣的博士论文也是对档案信息资源开发的研究,该文在探讨档案信息资源开发的含义、必要性、原则与现实基础后,分章节提出档案信息检索、编研与传输服务等三种档案信息资源开发形式,并从环境、技术、法律和人才等方面研究其社会保障。

其他专著形式的成果主要有:黄子林的专著《档案信息资源开发》对档案信息资源开发理论的构建比较全面,涉及概念、功能、原理、效益等诸多方面的问题,其中比较有特色的是对家庭档案信息的开发进行了探讨;陈永生等研究了档案信息资源开发利用的基础性问题,并对其效益与效益评估进行了专题研究;颜海的《档案信息资源开发利用》一书,从信息及信息资源基础理论知识入手,分析了档案信息资源开发的含义、原则、方法与策略,以及网络环境下档案信息资源开发的策略等方面问题。国家档案局与工信部对档案信息开发利用试点工作进行总结,并分政务信息资源管理、企业档案信息资源开发利用、公共文献基础数据建设、档案信息资源社会化服务等栏目予以汇编出版。

至于档案信息资源开发的走势和趋向,靳秀华等早就对此予以探讨,其提出的开发主体与开发形式等发展趋势分析，对今后发展仍不无启示。而新时期最重要的是网络与信息技术对档案信息资源开发的作用和影响，也是今后研究的重点和热点。

（二）文件（档案）信息构建

信息构建是一个新兴的研究领域，美国情报科学和技术协会提出信息构建有三层含义：一是信息组织、导航、标注与策划的组合；二是信息空间结构设计的优化；三是网络信息分类的科学和艺术。信息构建的核心内容包括信息的可访问性和可理解性。据此可以认为，档案信息构建的重心是研究如何组织、表达和阐释文件信息，以保证其可用性和易用性的艺术与科学。

档案信息构建与档案信息组织既有联系又有区别。两者的联系在于，信息构建是建立在档案信息组织的理论与实践基础之上的，而档案信息组织又是信息构建的主要内容并为之提供技术支持。两者的区别在于，信息组织多是从信息管理人员的角度来考虑技术和方法，注重信息的系统性和有序性，而信息构建更关注信息用户的理解和利用，注重信息的清晰和可理解，两者最大不同之处在于，信息组织只关注信息加工与排列的科学性，而信息构建则注意信息呈现的科学性和艺术性。由于信息构建存在强调信息的艺术性和可理解性、强调用户的需要和体验等特点，因此研究文件（档案）信息构建不仅对于档案管理实践与档案信息服务理念创新具有冲击力和影响力，而且对于档案管理理论研究的理论拓展也大有裨益。

文件（档案）信息构建研究的主要内容有：信息构建的原理与方法，信息构建对文件（档案）信息组织的作用和影响，文件（档案）信息构建的特点与要求，文件（档案）信息构建的内容与原则，档案信息用户研究，文件（档案）信息工作者信息素质研究等。

但由于一方面国内信息构建的研究还处于起步阶段，如目前著作类的成果只有中国人民大学周晓英的《基于信息理解的信息构建》和《信息组织与信息构建》两部；另一方面，当前的信息构建理论主要只关注网络信息资源的组织和表达，所以，在档案管理理论研究领域的成果还不是很多，且主要探讨其对于档案网站的启示和影响，如丁立新、祝鑫一的《信息构建对档案网站检索系统建设的启示》。曾娜运用信息构建理论，从设计理念、导航系统、搜索系统、组织系统与标识系统等方面对我国档案网站进行考察，分析存在的问题及所得的启示。罗铮探讨了档案网站构建的目标、功能和内容构建，并从个性化服务、导航系统、检索系统与链接等方面进行详细的分析。于淑丽从用户需要、信息资源组织和可用性测试三方面，探讨信息构建理论对档案网站建设的启示，并进行了可行性分析。只有陆冲等的研究相对更为宏观，探讨了信息构建视域下的档案利用问题，这些专家认为信息构建对于档案信息提供利用的意义在于其关注信息生态问题、强调对信息本身的重视和用户体验等方面。

李强提出，我国信息构建研究还存在缺乏系统的理论体系、应用范围相对狭窄、专业人才教育机制尚未形成等问题，这些问题也同样反映在档案信息构建的研究上，不过这也正说明档案学在这一研究领域里还大有文章可做，具有提升的空间和潜质。

（三）档案专题信息营销

对于信息营销，目前有两种观点：一种观点将信息营销定义为，企业（机构）综合运用各种现代信息技术，以各类有效信息为重要资源来制定营销战略，并协调和管理营销工作，以获得竞争优势的一种营销方式；另一种观点是，信息营销是信息服务机构为满足信息用户需求，对其信息产品与服务进行调研、分析、组织、促销等系列活动，并实现价值交换的过程。前者是将信息作为营销的资源与手段，而后者是将信息作为营销的产品和对象。本书持后一观点，认为档案专题信息营销是指，在政策和法律许可范围内，档案信息机构按照信息市场的规律，选择适当的经营方式和策略，完成信息商品和信息服务从专题开发到交换利用的转换，向用户提供特定信息产品和信息服务的过程。信息营销研究在图书情报界受到一定的关注和重视，相关成果较多，但在档案管理理论研究领域缺乏影响。这是因为，档案信息的特殊性和档案工作的相对封闭性导致许多人认为档案信息资源不需要"营销"也无法"营销",其实这种理解有一定的偏差。一则,档案信息资源特别是经调研后专门加工的档案信息,与普通的物质商品一样,是价值和使用价值的矛盾统一体,是能满足社会需要、凝结了一般劳动的智力成果,因此可作为商品来生产、流通和使用,具有推广和推销价值;二则,运用营销的原理和策略能促进档案信息的开发利用,改变档案信息工作者的理念,激发其内在动力,提高档案信息开发的效率,进而塑造档案信息服务的新形象,实现档案馆职能的拓展和服务的强化。可见,档案信息营销是可行的,档案专题信息营销研究更是必要的,有利于改变档案工作者和档案研究人员的观念与思路。

档案专题信息营销研究的主要内容有:档案信息营销的含义与内容,档案信息营销调研与预测,档案专题信息的选择、确定与加工,档案信息营销环境分析,档案信息市场与用户行为分析,档案信息营销战略规划,档案信息产品价值分析,档案信息营销的策略和方法等。

现有的研究主要有:宋李娜分析了档案信息服务"营销"的宗旨与"营销"组合,并从产品、服务、广告与宣传等方面探讨了档案馆信息服务的"营销"战略,以促进档案信息资源的充分利用,满足社会和公众的需求。王卫兵探讨了县级档案介入信息市场的营销策略问题,提出强化自身、发挥优势、公关宣传、拓展业务、价值政策、组织促销和服务优化等七条营销策略,以谋求档案信息商品化。

档案学在信息营销领域的研究还亟待加强,这是推广档案信息资源、提升档案工作与档案管理理论研究水平和地位的内在要求。许多人认为,档案工作很少直接参与社会与机构管理活动当中,给人置身事外、"大隐于市"的印象,档案学在管理研究领域也属于"隐学"。新的管理环境对档案工作提出了新的要求,机遇与挑战并存,此时要意识到"有为才有位",要抓住时机,乘势而上,还要能"就势造势",善于宣传与营销,开展各类档案文化活动,推出更有吸引力的档案文化产品,让更多的单位和个人熟悉档案工作、利用档案资源,在提升档案工作影响力的同时,提升档案管理理论研究在管理资源维度的地位。

第三节 档案管理中的管理方式

方式通常是指说话做事所采取的方法和形式，也常解释为可用以规定或认可的形式和方法。因而管理方式既可指具体管理行为所采用的方式和办法，也可以抽象地理解为管理活动的通用手段或模式。简而言之，管理方式是依据管理内容的特点和要求，对管理资源进行整合、配置的方法与途径。

依据不同的标准，对管理方式的类型有不同划分。根据管理过程中是否产生言语行为，可以分为言语型管理方式与非言语型管理方式，前者如面谈、会议等，后者如文件、肢体表达等；根据管理行为发生的场合，可分为直接型管理方式（如现场、会见等）与媒介型管理方式（如文件、电话等）；根据管理行为正式与否，可分为正式管理方式（如文件、会议等）与非正式管理方式（如暗示、闲谈等）；根据对资源处理的程度，管理方式可分为一次管理和二次管理两个不同层次。

以管理方式为前提的档案管理理论研究主要包括：直接与媒介管理方式对比，管理活动中文件方式的特点与功能，管理活动中文件方式构成要素分析，管理活动中文件方式影响因素分析，文件方式的历史梳理与创新研究。

管理方式是管理资源整合、配置与利用的方法与途径，是管理内容与管理功能得以实现的基本手段。管理维度空间中承担着"连接"内容维度与资源维度的作用，也就是说，离开管理方式的支撑，资源就无法服务于管理内容，甚至不能称为管理资源，而管理内容也就无法展开与实施。此外，与相对固定、客观性较强的管理资源和内容不同，管理方式还具有相当的灵活性和能动性，一则管理方式的选择受管理主体的支配和左右，二则同样的管理方式和手段，经由不同的管理者运用，其结果与绩效也会有所不同。

文件方式属于一种正式的言语型媒介类管理方式，是管理活动中最重要、最通用，也是最经济的管理方式，由于其具有确定性、规范性、可控性等优势，现代社会与机构管理都离不开这种方式的运用和支撑。而文件方式一直是档案管理理论研究的特色和强项，在管理学科体系中有着无可比拟的优势，正如胡鸿杰所指出的，其实中国档案学并不缺乏影响整个管理学科的研究领域，至少在管理方式和管理资源这两个维度上都是大有作为的。可见，归于管理方式的档案管理理论研究不仅在指导管理活动实践、促进管理效率的提高方面有着积极的作用，还能提升档案学在管理学科中的地位和影响，摆脱中国档案学长期以来缺乏原创性和本土特色的尴尬局面，最终形成学科研究的核心竞争力。

一、以管理方式为前提的档案管理理论学研究

（一）以管理方式为前提的档案管理理论研究阶段与内容

文件方式作为社会与机构管理活动中最重要、最通用的管理方式，由来已久，一般认为随着文字的出现和国家的产生，它在管理中的基本职能便已出现。韩英将我国文件方式的发展划分为了早期（主要包括殷商、周至春秋战国时期）、封建社会时期、民国时期与中国共产党领导时期等几个阶段。

文件方式一直是档案管理理论研究的特色和强项，而最初的研究又集中在其分支学科——"文书学"之上（当然，文书学不是文件方式研究的全部）。

故本书参考中国人民大学王健的观点，将我国的文件方式研究划分为三个历史阶段：首先是萌芽阶段，指自有文件方式起到 20 世纪初的漫长过程，这一时期的文件方式处于相沿成习、专任封闭的状态，主要的成果是汇集文书资料、研究文书（文件）的撰制、制定文书工作规则等；其次是研究起步阶段，一开始出现了较为系统的文件方式相关研究成果，如仝宝廉编写的《公文式》，随后，《公牍通论》《文书之简化与管理》《公文处理法》《公牍学史》等一批有代表性的专著面世；再次是蓬勃发展阶段，主要表现是设立了专门的研究机构，出版大量的学术专著，逐步形成了系统的理论体系，并开始对新型载体文件（如电子文件等）的运转方式进行探讨和研究。

　　而从媒介形态特征来看，可分为传统文件方式和电子文件方式两个研究阶段。前者是指对以纸质文件为代表的文件方式的相关研究，在我国起源于民国时期，而后者是对数字格式存储的文件方式的研究，在我国较早的是对美国学者罗伯特·威廉斯的《电子文件管理——即将来临的文件管理革命》一文的翻译，而随后开始较系统阐述与研究的则是中国人民大学的冯惠玲，她的博士论文就是《拥有新记忆——电子文件管理研究》，并一直对电子文件相关问题跟踪研究至今，其《电子文件管理国家战略刍议》一文中，开始关注电子文件在国家与社会管理方式中的境遇，随后其主持的课题"电子文件管理机制研究"成果更是得到了温家宝同志的专门批示，要求有关部门认真参考、研究这一成果。

　　从管理理念来看，可分为"管制"型文件方式和"服务"型文件方式两个研究阶段。之所以会有这两个阶段的区分，一方面是来自我国行政管理和社会发展实践的冲击。中国几千年封建专制统治和高度集权的计划经济体制，使得"管制"型文件方式影响极深，而政治民主化进程和市场经济发展要求政府从统治者的身份逐步转变为社会的服务者。"管制型"权力运行的向度是自上而下的，社会管理活动都由政府主导推动，较少考虑社会公众的愿望和多样化需求，其文件方式是封闭的、机械的；"服务型"则是一个上下互动的管理过程，它主要通过合作、协商、认同和建立共同目标等途径来推动管理活动进行，因而其文件方式也就相对较为开放和灵活，特别是程序的开放性是"服务"型管理方式的基本要求和主要特点，没有过程的公开透明，就无法分清权责的范围和大小。另一方面也受到公共管理理论变革的影响，如 20 世纪七八十年代以来流行于西方各国家的主张有限政府的新公共管理思潮。为了改变政府形象、提高管理绩效，美国学者戴维·奥斯本（David Osborne）提出了重塑管理十条思路等，这些主张都对我国公共管理和文件方式的研究产生较大的触动和影响。"服务"型文件方式研究萌芽于 20 世纪末，最初的研究主要是着眼于政府文件信息资源能否公开，后来探析信息公开制度，而自《中华人民共和国政府信息公开条例》起草之时起，这类研究便如火如荼地发展起来，从周毅的《政务信息公开与档案馆现行文件阅览中心的建立》至今，已有近300篇可以归属于"服务"型文件方式的中文期刊论文得以发表。

至于管理方式维度的档案管理理论研究内容，无论属于哪一历史发展时期或哪种媒介形态，也无论何种管理理念，都应该涉及文件方式的含义与特点，文件方式的功用与意义，文件生成（制作）、流转、督办与办毕处理等的发展历程与趋势，文件方式的构成要素与环境分析等方面的研究。

（二）以管理方式为前提的档案管理理论研究倾向与特色

本书对管理方式的理解是，依据管理内容的特点和要求，对管理资源进行整合、配置和保障的方法与途径。在管理维度空间中，管理方式承担着"连接"内容维度与资源维度的功能和作用，只有借助和利用一定的管理方式，资源才能服务于管理内容。与此同时，管理方式也受到管理资源和内容的制约和影响，并为管理目标所指引和控制，为管理主体所左右和支配。因而归于管理方式的档案管理理论研究呈现如下倾向与特色。

（1）目标导向

方式是服务于管理内容的，但最终是服务于管理的目标，管理方式从选择、确定到运用，无不围绕和依托于管理的目标，归于管理方式的档案管理理论研究自然也着眼于社会与机构管理的终极目标，即实现资源的最优配置和效用最大化。因而方式维度的研究属于目标导向型，这与内容维度的任务导向不同，后者更关注细节，相对较为短视，而目标导向则着眼于长远与整体，更注意通用性和兼容性。目标导向与资源维度的用户导向也不同，后者由于过分强调需求者的诉求和利益，往往忽视了提供者和其他相关主体的权益，而方式维度的研究的目的是高效地实现管理的内容与目标，自然会以权益平衡为基础，注意权益补偿和救济机制的建立。

（2）系统依赖

系统依赖有两层含义，一是指对具体系统的依赖，即离开由生成机制、流转机制和监控机制共同组成的文件运作系统，文件方式就无立足之本，更不用说发挥其功用了；二是宏观的管理系统，指管理方式的效果发挥对管理的资源与环境具有极大的依赖性，这就是为什么不同的管理主体会选择不同的管理方式和策略，而同样的管理方式和手段，经由不同的管理者运用，其结果与绩效也会有所不同。虽然资源是属于管理的内在性要素，具有可预期性，能为管理者所把握和控制，但管理的环境却是外在的、不可预测的，因而管理方式维度的研究必须探讨文件运作系统及其与外部环境的互动。

（3）效能优先

既然归于管理方式的研究是目标导向，强调以最少的资源赢得最大的效益，这里的效益不是指单纯的经济效益，而是包括社会效益在内的综合效益，所以效能问题是其优先研究和考虑的。管理大师彼得·德鲁克（Peter F.Drucker）在其《有效的管理者》一书中曾指出："效率是'以正确的方式做事'，而效能则是'做正确的事'。"在这种理解下，效率和效能自然不应偏废，但在二者无法兼顾时，首先应着眼于效能，然后再设法提高效率。而在汉典中，效能既包括效率，也包括能力，也有人为效能做了个公式：效能＝目标×效率，即说明不能片面地追求效率，效率高不代表就可以实现良好的效益，只有在目标引导下的效率才是方式维度研究所应该追求的，所以在研究管理的手段和方式时，要注意调动管理主体的积极性、主动性和创造性，不仅强调管理的效率，更要保证质量和方向。

（三）以管理方式为前提的档案管理理论研究功用与意义

方式不仅是管理资源得以整合与利用、管理内容与功能得以实现的基本要素，还是这两个维度的关联者与沟通者，管理方式的研究在指导管理活动实践和提高管理效能等方面有着积极作用。档案管理理论研究一直在文件这种管理方式上有着无可比拟的优势，而文件方式因其具有确定性、规范性、可控性等特点，一直为社会与机构管理所通用和倚重。因而归于管理方式的档案管理理论研究具有以下功用与意义。

1.能直接应用于社会与机构管理实践

与内容维度的档案管理理论研究主要用于指导狭义的管理活动——档案管理实践不同，研究文件方式是服务于广义的管理活动，即旨在为各种类型的管理活动提供可资利用的手段和方法，以在遵循管理活动规律的基础上，实现管理资源的有效配置与利用，提高管理活动的效能和水平。

2.能促进管理方式的优化和集成

所谓优化，一方面是指，由于这一维度的档案管理理论研究本身就是对文件方式的研究，必然会带来文件这种通用管理方式的革新和提升；另一方面则是指，通过研究与扩大文件方式的影响，也能引发人们对其他管理方式（如会议等）的关注和重视，促进这些方式的改进和发展。而所谓集成，则是指在深度发掘各种管理方式的优劣之处后，在明确管理要素状态的基础上，实现多种方式的有机组配和合理利用。

3.能凸显档案管理理论研究的地位和作用

与资源维度的档案管理理论研究一样，归于管理方式的档案管理理论研究不再将视线拘泥于档案自身的管理，而是着眼于广义的管理活动，这种研究视域的开拓必然带来学科地位的改变。当管理方式问题进入人们的视野、文件方式成为人们关注的对象时，档案管理理论研究的作用和价值自然就得到了凸显，而其他管理类学科在通用管理方式研究上的"短板"与短视，必然反衬出档案管理理论研究的长处与"强势"。因此可以说，这一维度的探讨和研究具有核心竞争力。

二、管理活动中文件方式的优势与不足

管理活动中的文件方式属于正式的言语型媒介类管理方式，相对于其他方式，具有以下优势与不足。

（一）比较优势

由于文件方式兼具言语型、媒介型和正式管理方式的特点，所以存在以下比较优势。

1.在作用的广度与深度上的优势

在一定的机制保证下，采用文件方式的管理主体不必亲临管理现场，而是通过文件进行信息的传达和反馈，以实现对管理活动的远程把握与控制，较易扩增管理的幅度和层级，影响和作用的范围较广，这也是文件方式之所以能为各类管理活动普遍使用的重要原因之一。

2.在单位成本上的优势

相对于会议和现场直接管理等方式而言，由于文件信息复制和传播的成本较低，同样的作用面和影响范围，所需经费要少得多，而且这种优势随着电子文件的大量使用显得更为突出。当然有人会说，保持文件方式运作体系也是需要经费的，虽然不无道理，但由于文件方式是机构日常工作手段，文件方式运作体系中平均到单次文件方式的投入成本几乎可以忽略不计，或者说文件方式的边际成本很低。

3.在传承和凭证上的优势

这是由于文件方式一般属于书面语言型管理方式，具有外部存储性，即借助纸张、磁盘等载体，能将管理的内容与目标等给予明确的语义表达和思维传播。这一来能保证管理活动不依赖特定管理者的大脑而存在和运作，二来能给今后的类似管理活动提供方式上的借鉴，即保证管理方式的传承性。同时，外部存储性带来的视觉表征具有更大的明确性，具有凭证作用，能避免管理沟通和资源调配的随意改变，保证管理内容和程序的可预期性和可考证性。

4.在表达与理解上的优势

文件方式的最大优势就是表意准确，这一方面得益于书面语言本身更为慎重，用词考究，具有相对独立性，构思的时间与信息都比较充分，使管理主体意图表达更为准确可靠，很少产生歧义；另一方面，文件生成时，其规范性结构特征也对内容产生制约和规范，如法规公文用篇、节、章等层级结构来体现各部分内容的等级和地位，增强了表意的效果，降低了理解的难度和偏差。

此外，由于文件方式一般说来归属于正式管理方式，因而还具有后者的全部优点，如稳定性、权威性和可控性等。

（二）不足之处

文件方式的不足之处也是比较明显的。

首先，文件方式在独立性上的不足。即文件方式具有系统依赖性，要发挥其功能，必须有一个完整的运作机制予以支撑和保障，这也是媒介型管理方式的"通病"，离开了系统的有效支持，文件方式要么根本不能运转，要么会在管理沟通中产生偏差，因而在研究和创新文件方式时，一个重要的课题就是如何保证文件运作机制的科学性和有效性。

其次，文件方式在时效性上的不足。由于文件方式属于媒介型管理方式，必须经由一定的媒介和途径进行信息传递，无法实现即时的管理沟通和控制，相对于现场管理方式而言具有延时性和相对滞后性，特别是传统的（纸质）文件方式，往往要通过信函或机要途径，迟滞时间较长，还有可能贻误时机。虽然电子文件方式能基本实现即时传达，但电子文件的非人工识别性也会带来延时，即接受方必须借助电脑等设备才能读取文件信息，一旦因主观或客观原因没有及时接收，就会导致延时或误时。

再次，文件方式在灵活性和生动性上存在不足。相对于非正式管理方式的不拘形式，反应和执行速度相对较快而言，文件方式受到诸多规定、手续、形式和时间的限制，相对古板僵化、缺乏灵活性、不能随时随地使用，因而会有大量难以触及的领域和范围，造成管理上的空白。此外，相对于口头言语方式和非言语方式的多层次、全方位的表达而言，文件方式无法利用语气、表情或肢体动作进行管理沟通，缺乏鼓动性和生动性，因而不易发生点上的强效应，即无法给予管理对象直接而富有针对性的指令和影响。

第三章　档案管理工作的主要内容

第一节　档案的收集与整理

一、档案的收集

　　档案收集是档案管理过程的首要环节，标志着文件性质的变化和档案自身运动的一个阶段。档案收集工作的质量，直接影响档案的整理、鉴定、保管及统计工作的质量和效率，进而影响档案的社会服务质量和效益。

　　研究档案收集，有利于促进对入口阶段档案管理的方法的变革和创新理念，是其他管理环节研究的条件和基础，并与这些后续研究紧密衔接、有机互动，对档案收集的研究极具实践指导意义，能促进和夯实档案资源的积累，为档案的保管、整理乃至提供利用奠定基础，是档案信息资源开发的前提。

　　由于档案的收集是实操性非常强的管理活动环节，所以相关研究的理论抽象性相对较弱，在近30年来的1802篇相关期刊论文中，有1639篇对档案收集实践工作中的问题进行了分析和对策研究，且其中绝大部分是针对专门档案或专业档案的研究。如杨玉昆分析了新形势下档案收集难的原因主要有收集的附加要求使人不易接受、收集方式的单一致使难以收集到珍贵档案、收集工作遭遇物质利益驱动、缺少强有力的执法行为、档案部门对档案收集对象心中无数等，并针对这些问题提出了对策。

　　此外，对档案收集的研究还存在内容管理维度档案管理理论研究的"通病"——任务导向，忽视与社会和用户需求研究相结合，由此薛匡勇在其《档案收集工作理念探索》一文中提出，要以科学发展观为指导，以社会档案信息需求为牵引，树立以人为本、协调发展、全面发展和可持续发展的档案收集理念，以充分发挥档案工作在社会主义现代化建设中的服务保障作用。档案收集就是按档案形成的规律，把分散的材料集中起来，按照规定，通过例行的接收制度和专门的征集方法，把分散在各机关、部门、个人手中和散失在社会上的档案，集中到机关档案室和国家档案馆进行科学管理的一项业务环节。档案的收集工作可以分为两大部分：第一，对于单位的档案室来说，主要是按期接收归档的文件和进行必要的零散文件的收集；第二，对于各级各类档案馆来说，主要是接收档案室移交的档案，接收撤销机关档案和征集历史档案。收集工作是档案部门取得档案的手段，也是它们开展其他业务活动的前提。

（一）档案收集工作的内容

档案收集研究的主要内容是档案收集的基础和原理，具体包括对档案收集工作的内容、意义和要求的研究，文件的归档研究，收集的步骤、阶段和方法研究等。

档案收集是接收、征集档案和有关文献的活动。具体讲，就是按照党和国家的规定，通过例行的接收制度和专门的征集办法，将分散在各机关、组织、个人手中和散落在社会其他地方的档案，有组织、有计划地分别集中到各有关机关档案部门，实现档案的统一领导和分级管理。

档案收集工作的内容主要有以下三个方面：

①机关、企业、事业单位档案室对本单位需要归档档案的接收。

②档案馆对所辖区域内现行机关、企业、事业单位和撤销单位的具有永久、长期保存价值的档案的接收。

③对中华人民共和国成立以前各个历史时期形成的档案的接收和征集。

档案收集工作不是一项简单的事务性工作，而是一项政策性、业务性很强的工作。一方面，档案收集工作具有明显的选择性。文件转化为档案是有条件的，在档案收集工作中必须严格把握这些文件，在归档和接收过程中认真筛选。档案选择是按照档案部门收藏范围的设计合理并全面进行的。另一方面，档案收集工作受档案形成者档案意识水平、价值观以及档案部门保管条件等多种因素的制约，需要综合研究、统筹规划，提高档案收集工作的质量。

（二）档案收集工作的重要意义

档案收集工作在整个档案管理中处于一种特殊地位，做好此项工作对整个档案管理工作具有重要意义：

第一，档案收集工作是档案馆、档案室取得和积累档案的一种手段，它为档案工作提供了实际的物质对象，是档案业务工作的起点。

第二，档案收集工作是实现档案集中统一管理的重要内容和一项重要的具体措施。

第三，档案收集工作质量的高低，会直接影响到档案业务工作的其他环节的工作质量。

第四，档案收集工作是档案部门与外界各方面发生联系的重要环节之一，这是一项政策性强、接触面广、工作要求较高的工作。

（三）档案收集的基本形式

档案收集是档案馆（室）取得和积累档案及有关资料的一项工作，是档案管理工作的重要环节。其手段主要有接收、征集和寄存三种形式。

按照法定的原则、程序和规定的制度移交和接收档案，是档案馆和档案室补充档案资源的最基本形式。其基本内容包括两个方面：

①各级国家机关和各种社会组织的档案室，按照规定接收本机关业务部门和文书处理部门办理完毕移交归档的文件。

②各级各类档案馆依据国家法律和有关规定接收现行机关和撤销机关的档案。

接收的范围和要求：

①档案室接收本机关工作活动中形成的具有保存价值的各种门类和载体的档案，包括科学技术档案、会计档案等各种专门档案，录音带、录像带、照片等各种载体特殊的档案。

②各级档案馆接收本级各机关、团体及所属单位具有长远保存价值的档案，以及与档案有关的资料。各个国家档案馆保管接收档案的范围不尽相同，有些国家的档案馆只接收具有永久保存价值的档案，有的也接收定期保管的档案。中国省级以上档案馆接收具有永久保存价值的、在立档单位保管已满20年的档案，省辖市（州）和县级档案馆接收永久和长期保管的、在立档单位保管已满10年的档案。

③档案室和档案馆正常接收的档案，要求齐全并按规定整理好，进馆档案应遵循全宗和全宗群不可分散的原则，保持原有全宗的完整性及相关全宗的联系性。

征集流散的有价值的各种历史档案和相关资料是档案馆收集工作中必不可少的补充手段，分为非强制性和强制性两种。一般采取在协商的基础上，通过复制、交换、捐赠、有偿转让等方式，将档案集中到档案馆；在特殊情况下，集体和个人所有的、对国家和社会具有保存价值的或需保密的档案，当其保管条件恶劣或者由于其他原因被认为可能导致档案严重毁坏和不安全时，国家可对其进行收购或征购入馆，也可代为保管。

寄存一般是通过协议的形式将档案存放到档案馆。寄存档案的单位或个人不失其所有权，并享有优先使用权以及能否准许其他人利用的决定权。已保存在博物馆、图书馆、纪念馆等单位的，同时也是档案的文物或图书资料等，一般由其自行管理。

（四）档案收集的制度

①档案收集包括档案的接收、征集以及网络数据采集等方式。

②档案材料收集范围：凡是对全区各项事业发展有参考利用价值的各类原

始材料都属于档案收集范围。

③任何个人都不得以任何理由拒绝向区档案馆归档移交有价值的档案材料。

④档案材料收集应该形成定期送交制度和联系催要制度。

二、档案的整理

档案的整理工作，就是将处于凌乱状态的和需要进一步条理化的档案有序化的过程。在档案管理活动诸环节中，收集是起点，利用是目的，而整理则是承上启下的关键。科学系统的档案整理不仅有助于档案的鉴定，是妥善保管的前提，为档案统计工作打好基础，是档案提供利用的必要条件，而且能在一定程度上促进档案的收集工作。

档案整理研究是档案管理理论的核心，有利于优化档案整理工作，加强文件档案之间的联系，充分体现档案的性质和特点，进而激活和发掘档案的利用价值，促进档案信息资源的开发，提高档案整理的科学化和标准化水平。在直接影响着整理实践的同时，档案整理的研究对档案管理其他环节理论和技术的发展也有着不可忽视的作用，能促进对档案管理全过程研究的良性发展和总体优化。

对档案整理研究主要包括档案整理理念、内容与方法等方面，具体如档案整理工作的原则和意义研究，全宗的界定和应用研究，立卷、分类、组合、排列、编目的程序和方法研究等。

我国在档案整理方面的研究，经历了从引进和介绍欧美档案整理理论，到分析、探索自身档案整理实践与理论发展过程中所面临的课题的研究历程，其中最具抽象性和理论价值的是全宗理论（来源原则）。但傅荣校提出，当前档案整理理论应该由全宗和汇集两大原则构成，并提出两者的根本区别在于：前者来源于同一立档单位，根据历史联系为主线进行组织，具有可确定性，因而在档案室阶段就可以基本完成；而后者则来自多个立档单位，要视所获档案数量、成分和状况来确定某一特征进行组织，具有不确定性，一般只有在档案馆才能予以处理加工。

徐欣将我国档案整理实践与理论的演变过程分为三个阶段，即传统的纸质档案手工整理阶段、档案实体整理和档案信息整理并存阶段、"档案实体整理"和"档案信息整理"二元实践阶段等。而梁娜等指出，随着实践活动与对象的发展变化，传统的档案整理研究的理论局限性越来越明显，主要表现在整理原则的适用范围窄、注重实践性分类而轻视思维性分类、立卷管理不科学等方面，无法应对数字时代电子文件的挑战，因而对档案整理的研究仍然是今后的难点和要点。

（一）档案整理工作的内容

档案整理工作包括区分全宗、全宗内档案的分类、立卷（组卷、卷内文件的排列和编号、填写卷内目录和备考表、拟写案卷标题、填写案卷封面）、案卷排列和编号、编制案卷目录等业务环节。

按照我国文书工作和档案工作的管理体制与分工，档案整理工作是分阶段进行的。其中全宗内档案的分类、立卷、案卷排列和编制案卷目录等业务环节，一般由文书部门或文书人员承担，即文书立卷；归档案卷的统一编号和排列由档案室承担；全宗的划分和排列多由档案馆承担。在某些特殊情况下，如当档案室（馆）接收到整理质量不佳或基本未经整理的零散档案时，就需要对档案进行局部的或全部程序的整理。

①系统排列和编制案卷目录这种情况是指档案室对接收的已经立卷归档的案卷，按照本单位档案的分类和排列规则，进行统一的分类、排列和编号，使新接收的案卷同已入库保存的档案构成一个整体。

②局部调整这种情况是指对已经接收进档案部门的部分质量不合格的案卷所做的局部改动和调整工作。

③全过程整理这种情况是指档案部门对于接收到的零散文件所进行的从区分全宗到编制案卷目录的全部整理工作。

（二）档案整理工作的基本原则

档案整理工作的基本原则是：保持文件之间的历史联系，充分尊重和利用原有的整理成果，便于保管和利用。

1.保持文件之间的历史联系

保持文件之间的历史联系，是档案整理工作的根本性原则。文件之间的历史联系是文件在产生和处理过程中所形成的内部相互关系，也被称为文件的"内在联系""有机联系"。在档案整理工作中保持文件之间的历史联系，其目的在于使档案能够客观地反映形成者的历史面貌。文件之间的历史联系主要表现为以下四个方面。

（1）文件在来源上的联系

文件的来源一般是指形成档案的社会主体（组织和个人）。同属于一个形成者或同类型的文件在来源上有着密切的联系。因为不同来源的文件反映不同形成者历史活动的面貌，所以整理档案时必须首先保持文件在来源上的联系，也就是说，档案不能脱离其形成单位，同时，不同来源的档案也不能混淆在一起。

（2）文件在内容上的联系

文件的内容一般是指其所涉及的具体事务或问题，同一个事务、同一项活动、同一个问题所形成的文件之间必然具有密切的联系。整理档案时，保持文件之间在内容上的联系，有利于完整地反映其形成者各种活动的来龙去脉和基本情况，也便于查找利用。

（3）文件在时间上的联系

文件的时间一般是指其形成的时间。整理档案时，保持文件之间在时间上的联系，有利于体现其形成者活动的阶段性、连续性和完整性。

（4）文件在形式上的联系

文件的形式一般是指其载体、文种、表达方式以及特定的标记等因素。不同形式的文件往往具有不同的作用、特点和管理要求。整理档案时，保持文件档案管理理论研究在形式上的联系，有利于揭示文件的特殊价值，便于档案的保管和利用。

2.充分尊重和利用原有的整理成果

充分尊重和利用原有的整理成果是指后继的档案管理者要善于分析、理解和继承前人对档案的整理成果，不要轻易地予以否定或抛弃。在整理档案时充分尊重和利用原有的整理成果应该做到：第一，在原有整理成果基本可用的情况下要维持档案原有的秩序状态；第二，如果某些局部整理结果明显不合理，可以在原来的整理框架内进行局部调整；第三，如果原有的整理基础的确很差，无法实行有效管理，可以进行重新整理。但是，重新整理时应该尽可能保留或利用原有整理中的可取之处。

3.便于保管和利用

整理档案时，一般情况下，保持文件之间的历史联系与便于保管和利用之间是一致的。但是在某些特殊的情况下，二者之间可能会产生一定的矛盾。例如：产生于同一个会议的档案，有纸质文件、照片、录像材料，甚至还有电子文件等，它们的保管要求各不相同，在整理时就需要综合考虑各种因素，在保持文件之间历史联系的前提下，采取分别整理的方法，以利于档案的保管和利用。

第二节　档案的鉴定与保管

一、档案的鉴定

　　档案鉴定就是鉴别和判定档案的价值，挑选出有价值的档案交给档案机构保存，剔除无保存价值的档案予以销毁。它直接决定着档案的存毁，是档案管理工作中最重要也是难度最大的一项工作。档案鉴定意义重大，通过鉴定工作，去其糟粕，留其精华，把档案分清主次，对珍贵档案予以重点保护，一则便于实现档案的安全保管；二则便于查找利用，使档案发挥其应有的作用；三则便于应对突发事变，不至于"玉石俱焚"；四则有利于充分利用档案库房和保管条件。

　　档案鉴定理论的研究，有利于指导档案分层次、分类别进行管理，使档案管理其他环节有高低主次和轻重缓急的区别，有利于保障档案资源的完整、安全和质量，有利于调动档案工作者的能动性和积极性。同时，虽然鉴定被单独列为一个档案工作环节，但是它贯穿于档案管理活动的全过程，在收集、整理、保管、检索、利用等诸环节中都充分考虑档案的价值与保管期限，因而鉴定理论研究在整个内容维度的档案管理理论研究中都有着举足轻重的作用。

　　档案鉴定研究的内容具体包括档案鉴定意义和地位的认识、鉴定原则和机制探讨、鉴定标准和方法探索以及保管期限表和鉴定组织等方面的研究。

　　由于档案鉴定实践具有重要性，研究成果颇为丰富，同时由于涉及档案价值的评判，因而相关研究的理论层次较其他环节有所提升。冯惠玲主编的《档案学概论》中罗列的现有主要档案鉴定理论就有：年龄鉴定论，代表人物是德国的迈斯奈尔；行政官员决定论，代表人物是英国的詹金逊（Charles Hilary Jenkinson）；职能鉴定论，代表人物是波兰的卡林斯基；文件双重价值论，代表人物是美国的谢伦伯格（T. R. Schelloberge）；利用决定论，代表人物是菲斯本（Mavor Fishbein）、布里奇弗德（Maynard Bdchflord）和芬奇（Elsie Freeman Finch）；宏观鉴定论（社会分析与职能鉴定论、文献战略、宏观鉴定战略），代表人物是德国的布姆斯（Haas Booms）、美国的塞穆尔斯（Helen Samules）和加拿大的库克。

　　于力则将欧美等国档案鉴定实践与研究分为五个发展阶段：法国大革命至第一次世界大战前的萌芽期，逐渐形成档案鉴定的标准；两次世界大战期间的起步阶段；第二次世界大战后到 20 世纪 50 年代末的逐步完善时期；20 世纪 60 年代初至 70 年代末，档案鉴定"利用决定论"应运而生；20 世纪 80 年代初至 90 年代，"社会分析和职能鉴定论"得以全面发展。

　　虽然戴光喜指出我国的档案鉴定理论与实践中还存在诸多问题，如简单粗犷的鉴定办法长期未改，浪费严重，与档案管理其他环节相比，鉴定理论研究差距甚大。但事实上，我国档案鉴定研究经历近一个世纪以来的发展也是成果斐然，邓绍兴在梳理近当代档案鉴定实践和理论成果时，指出民国时期我国档案鉴定理论步入了初步探索时期，主要表现为"鉴定"词源的出现，提出了档案鉴定的必要性，对档案存毁标准、划分保管期限、鉴定工作组织和方法的探讨。而现代档案鉴定理论，初步形成系统的概念与原理体系，表现为鉴定工作占有特殊地位，档案鉴定含义、内容、原则和标准的基本确定，纳入法治轨道并建立了科学的制度和组织相关研究覆盖了国家全部档案。

　　值得一提的是，由中国人民大学王传宇牵头，《档案学通讯》连续刊发了 9 篇主题为"关于档案价值鉴定的理论与实践"的系列论文，探讨了关于档案鉴定 9 个方面的研究，具体包括问题与形势，历史回顾，价值鉴定与全面、辩证分析，制约因素分析，对电子文件鉴定问题的思考，框架与机制，鉴定活动论，更新观念健全法制，档案保管期限表研究等，内容丰富，论述深刻，颇具系统性和影响力。

　　至于档案鉴定研究的发展与趋势，陈忠海提出档案鉴定理论需要实现两个转变，一是从国家档案观向社会档案观的转变，二是从不确定、不统一的鉴定原则和标准向切实可行的鉴定标准体系的转变。傅荣校则提出档案鉴定理论的发展呈现出与来源原则的结合、史学影响的消退、职能鉴定论的回归、鉴定标准的实用化、效益标准的明显作用等五个方面的规律。无论研究者的视角如何，也无论研究的最后走向如何，这些成果都是不无裨益。正如一些学者在谈及档案鉴定研究的未来时所述，如同过去一样，一些档案工作者将寻求客观鉴定标准，而另一些档案工作者则完全相信以经验为基础进行鉴定。不管怎样，意见的继续偏离不应该被看成麻烦，它是必然的，也是有益的。之所以必然，是因为档案工作者必在各种政治和机构环境下开展自己的工作；之所以有益，是因为不断发展的对话有助于提高洞察力，增进各地档案工作者的了解。

（一）档案鉴定的分类

档案鉴定应包括档案保管期限鉴定、档案准确性鉴定、档案完整性鉴定、档案珍贵程度鉴定等方面。鉴于鉴定工作是在档案管理不同阶段依次分别展开的，因而可将档案鉴定划分为前期鉴定和后期鉴定。

所谓前期鉴定是指对文件材料保存价值的鉴定和对归档文件材料的准确性、完整性的鉴定。因其是在文件材料立卷归档阶段完成的，处于档案文件运行前期，所以可将它们统称为前期鉴定，亦可称为归档鉴定。前期鉴定，一般不需要成立专门的鉴定组织，是在工作中依次完成的，只需严格管理制度、明确管理责任，由责任人如立卷人、案卷审核人、归档接收人等分工负责，共同把关，协作完成。它主要包括：

①保存价值鉴定。

是指文件材料有没有保存价值、保存价值大小的鉴别，并依此确定文件材料归不归档、保管期限的长短。

②准确性鉴定。

是指对归档文件材料的各种标识的准确性及其所承载的信息的准确性进行甄别评定。前期鉴定中的准确性鉴定，主要是针对工作中因工作疏忽而导致的将归档文件材料的某些标识如责任者、时间、签章、竣工章等遗漏丢失，正文与底稿不相符，正本与副本不相符，基建图物不符，设备图物不符等诸多情况的检查。在文件材料归档时，由责任人进一步核实鉴别，并在案卷备考表中案卷检查人栏签字或以其他形式确认归档文件的准确性。

③完整性鉴定。

归档时，责任人对围绕某个事件、某项工程、某个设备、某项任务所产生和使用的文件材料的完整性，每一份文件材料页数、图幅及底稿的完整性进行鉴别并签字确认，以确保归档文件材料的完整性。

所谓后期鉴定是指专门的鉴定委员会对档案进行鉴定。后期鉴定是档案馆（室）的重要业务环节，需要建立专门的、具有权威性的鉴定委员会，按特定的程序进行。其工作内容应包括档案珍稀程度的鉴定、保管期限鉴定等。

①档案珍稀程度鉴定。

参考文物鉴定，制定国家珍贵档案鉴定标准和方法。可将国家档案根据其历史、科学、艺术等方面的价值，结合珍稀程度、成套性、完整性分为珍贵档案和一般档案。再将珍贵档案分为不同等级。建立国家珍贵档案数据库，提请国家财政列支专项保护经费，实施特别保护；并同司法机关、海关联网与文化行政部门联手，与文物、博物、图书等文化单位交流协作，加强监管，集中有限的人力、财力，抢救和保管好国家珍贵档案，切实管理好党和国家珍贵的历史财富。

②到期档案的鉴定。

由各档案保管部门根据自己的馆藏特色和馆藏情况，成立鉴定委员会制定鉴定原则标准和运行程序，有计划地对到期档案进行鉴定，确定存毁。这项工作应坚持不断地开展，真正将有价值的档案保存好，将失去保存价值的档案销毁掉，避免因档案馆（室）藏质量参差不齐而造成的管理浪费，提高管理效率。档案鉴定工程巨大，只有在对档案鉴定有充分认识的基础上，统筹规划，科学安排，才能取得事半功倍的效果。

（二）档案价值鉴定的标准

档案鉴定标准可分为两大类，即理论性标准和技术性标准。

1.理论性标准

理论性标准是档案价值鉴定的基本标准和理论依据，综观中外档案学界长期以来形成的理论研究成果，档案鉴定的理论性标准主要包括：

（1）德国档案学家迈斯奈尔提出的年龄鉴定标准和来源鉴定标准；

（2）波兰档案学家卡林斯基提出的"职能鉴定论"；

（3）美国档案学家谢伦伯格提出的文件双重价值鉴定标准；

（4）宏观职能鉴定标准；

（5）效益标准；

（6）相对价值标准。

2.技术性标准

技术性标准是档案鉴定实践中用以参照的具体标准，主要有文件材料的归档和不归档范围、档案保管期限表、档案鉴定工作制度等。

我国目前的档案保管期限表可分为通用档案保管期限表、专门档案保管期限表、同系统机关档案保管期限表、同类型档案保管期限表和机关档案保管期限表五种类型。它们是各机关、档案馆鉴定档案价值、确定档案保管期限的依据和标准，以此作为参考，文书立卷人员能较容易地区分文件的不同保存价值，初步确定其保管期限，为以后档案馆鉴定档案的价值打下基础。至于档案鉴定工作制度，则包括制发鉴定档案的标准文件、档案鉴定工作的组织领导和销毁档案的标准与监销制度等几方面内容。一种健全的档案鉴定工作制度，可以有效保证档案鉴定工作的质量和防止有意破坏档案，使档案的鉴定和销毁工作有组织、有监督地进行。事实证明，这些技术性标准在文书档案人员的具体鉴定工作中起到了有利作用。

二、档案的保管

　　档案保管，广义的理解泛指为延长档案寿命、为便于档案管理而采取一切措施和手段；而狭义上则特指对档案在动态和静态环境中的一般安全防护和日常的库房管理。档案保管旨在维护档案的完整性、安全性、系统性。档案保管为档案管理活动的进行提供了物质对象和基本前提，档案保管质量的高下，直接影响着档案管理的水平，在一定的条件下甚至具有决定性作用。

　　研究档案保管具有理论和实践双重意义。在理论上，有助于发现和掌握档案保管活动的客观规律，加强与其他环节研究的互动和联系，有利于提高档案保管与保护的科学水平，完善档案学理论和科学体系，丰富档案学的研究内容；在实践方面，能指导和提升档案保管工作的水平和效率，科学贮藏档案资源，方便档案信息的利用，有利于防止和消除档案损毁的隐患因素，有效延长档案寿命，保存社会历史财富。

　　档案保管研究的内容主要有档案保管的意义和任务研究、档案流动过程中的安全防护研究、档案储存中的保护技术研究。具体包括档案保管机构的研究，档案保管史的研究，为延长档案寿命的保护技术研究，档案保管的物质条件、库房管理研究等。

　　档案保管史方面的研究有：傅振伦在《中国历代档案保管制度述略》一文中，对历代文书档案管理机构的沿革和历代文书档案保管的具体措施进行研究；所桂萍探讨了宋代在保管技术上的发展和创新，认为宋代从中央到地方制定了严密的档案保管制度，当时的档案保管技术是我国封建社会档案保护技术发展史上的一个高峰。

　　档案保管任务和手段方面的研究有：耿春来认为档案保管工作的基本任务是维护档案的完整与安全，具体包括防止档案的损坏、延长档案的寿命、维护档案的安全；许春霞认为库房管理是档案保管的基础工作，主要包括档案存放位置与排列顺序管理、库房温湿度的调节与卫生保洁、档案进出库房的控制、库房的安全保卫；张德元提出异地备份保管是解决档案安全保管的重要手段，档案管理部门应当根据地质特征，选择保管条件较完备的地区对馆藏档案进行异地备份保管，以最大限度地实现档案的安全保管和备份。

档案保管机构的研究有：蔡海飞认为私有档案保管机构应包括私有档案馆和档案中介机构两种类型；邓宝艳认为应该有部门档案馆、联合档案室、档案寄存中心模式、一体化信息管理中心、文件中心模式和中外合作的档案管理等多元化的档案保管模式。

研究档案保管必然离不开对档案保护的研究，有人提出它们之间有所区别，认为档案保管侧重"（料）理"和"防"，档案保护则强调"防"和"治（理）。但一般认为档案保护是档案保管的重要内容，为档案保管提供手段和方法。周耀林认为20世纪中期以来，我国档案保护理论研究取得了不少成绩，在学科体系的革新、学科基点的演进、保护方针的完善、欧美保护理论的引进等方面取得了进展，推动了档案保护理论的研究；金波认为档案保护技术学应分为基础理论、纸质档案保护技术、新型载体档案保护技术三个部分；仇壮丽则在档案保护史的研究上颇有建树，其博士论文梳理了我国档案载体和记录材料发展史、档案库房建筑发展史、档案保护技术与方法发展史和档案保护制度发展史，并从地理、政治、经济、文化以及档案工作的其他环节与档案保护的关系探讨了档案保护的规律。

对于档案保管与保护的研究未来，在中国档案学会第五次档案保护技术研讨会上，与会人员认为新型材料的大量涌现给相关研究提出了挑战和机遇，要进一步提高对档案保护技术重要性的认识和研究工作，积极开展科学研究和交流；赵淑梅则提出应将研究范围定位在档案形成之时直至整个生命周期的动态过程中，引入新概念，突破旧概念的局限性，对人员的工作性质进行重新定位，加强对技术手段的研究，引入信息技术研究方法。

（一）档案保管工作的任务

1.建立和维护档案的存放秩序

为了使档案入库、移出、存放井然有序，能够迅速地查找档案，并随时掌握档案实体的状况，档案室（馆）要根据档案的来源、载体等特点建立一套档案入库存放的规则和管理办法，使档案不管是在存放位置上还是被调阅移动都能够处于一种受控的状态。

2.保持和维护档案实体良好的理化状态

档案实体是以物质的形态存在和运动的，而各种环境因素，如温、湿度、光线、有害气体、灰尘、生物及微生物等会对档案的载体、字迹材料等造成不良影响，不利于档案的长久保存。为此，在档案的保管工作中，就需要了解和掌握不利于档案长久保存的各种因素及规律，采取有效措施，最大限度地消除和降低它们对档案的损坏，使档案实体保持良好的理化状态，以延长档案的寿命。

（二）档案保管工作的要求

1.注重日常管理工作

为了保持档案库房管理的稳定、有序，我们应注重建立健全管理规则和制度，加强日常管理。在库房管理中要做到：归档和接收的案卷及时入库，调阅完毕的案卷及时复位，定期进行案卷的清点和检查，发现问题及时处理。只要持之以恒地坚持严格的日常管理，就能保证库房内档案的良好状态。

2.预防为主，防治结合

在档案保管工作中，保护档案实体安全的方法概括起来主要有两类：一是如何预防档案实体损坏的方法；二是当环境不适宜档案保管要求时或当档案实体受到损坏后如何处置的方法。在归档或接收的档案中，实体处于"健康"状态的档案占绝大多数。因此，在档案保管工作中，积极"预防"档案受到各种不良因素的破坏是主动治本的方法。我们应该采取各种措施确保这些档案的长期安全。同时，还应该通过加强日常管理和检查，及时发现档案实体出现的"病变"情况，以便于迅速地采取各种治理措施，阻断或消除破坏档案的有害因素，修复被损害的档案，使其"恢复健康"。预防为主，防治结合，才能全面保证档案实体的安全。

3.重点与一般兼顾

由于档案的价值不同，保管期限长短不一，所以在管理过程中，我们应该掌握突出重点、兼顾一般的原则。对于单位的核心档案、重要立档单位的档案、需要长久保存的档案，应该加以重点保护，尽量延长档案的寿命。同时，对于一般短期保存的档案也要提供符合要求的保管条件，确保其在保管期限内的安全和便于利用。

第三节　档案的检索与编研

一、档案的检索

（一）档案检索的含义及相关研究

档案检索就是把档案内容和形式特征的各种线索，存储于各种检索工具之中，并根据某一（或几种）特征，在特定集合中识别、选择与获取相关档案数据或文献的过程。档案检索工作的内容，一方面要对档案的内容和形式进行分析、选择和记录，并按照一定原理编排出各种检索工具；另一方面是根据需要，通过检索工具，帮助利用者了解和查找所需要的档案信息。档案检索是提供档案利用服务的先期工作，是有效提高档案管理水平的重要手段。

档案检索研究有利于优化档案检索的方式方法，推动档案检索工具和技术的改进，促进档案资源的利用和共享，提高档案管理和服务水平，进而提升档案工作乃至档案学科的影响力。

档案检索研究的主要内容有档案检索原理与技术研究，具体包括档案检索的内容和意义研究，档案检索工具的职能、种类、编制原则与方法研究，档案检索的途径与形式研究，档案检索语言研究，档案的著录与标引研究等。

康蠡等对档案检索研究论文进行文献调研，分析了我国档案检索研究在年度、作者、主题、机构及期刊等方面的情况，认为呈现研究主体多元化、合作趋势进一步加强的态势，而在绝对数量上与档案学其他领域的研究还存在着一定的差距，相关研究较为活跃的机构主要为高校和公共档案馆，并列出了部分理论性和指导性较强的专著，如张琪玉主编的《档案信息检索》和冯惠玲主编的《档案文献检索》。

相关研究中，对检索工具和技术的关注是热点和重点，如窦怡丹探讨了档案检索工具的作用、职能、种类和发展趋势；而李翠绵对档案检索利用技术进行研究，探讨了文本（文书）档案、图片档案、音频档案、视频档案的查询手段，以及提高查全率和查准率的具体举措。

由于档案检索在原理与方法上大量借鉴和吸收了情报、图书检索的研究成果，因而康蠡等认为，我国档案检索研究存在学科生态因子劣化、学科生态位重叠和学科适合度偏低等问题，具体表现为学科队伍结构失调、学科理论水平不够、学科体系十分单薄、学科创新动力缺失、学科整合能力欠佳，并提出档案检索学科要想获得更大发展，必须着眼于学科生态位的优化，同时应全方位审视、调整与其他学科的生态位关系。

对网络的关注是今后档案检索研究的发展倾向，近两年来逐步升温，如赵屹探讨了搜索引擎与档案计算机检索系统在档案信息检索中的作用与关系；周铭等对网络时代档案检索研究发展进行了有益的探讨，在分析动因的基础上，从研究方法、学科体系、学科内容及研究范式等方面探究创新的内涵，并提出了具体建议。

（二）档案检索工作的主要内容

档案检索包括广义和狭义两种含义。广义的档案检索包括档案信息存储和档案查检两个具体的过程。狭义的档案检索只限于查找所需档案的过程。作为档案工作人员，需要掌握广义的档案检索工作的内容和方法，学会编制档案检索工具、建立检索体系，并且能够熟练地利用检索工具查找档案，以获得开启档案宝库的钥匙。

1.档案信息存储阶段的内容

档案信息存储是指将档案原件中具有检索意义特征的信息，如文件作者、题名、时间、主题词等，记录在一定的载体上，进行分类或主题标识，编制成档案检索工具，建立档案检索体系的过程。它包括如下环节：

（1）档案的著录和标引

著录和标引是对档案的内容和形式特征进行分析、选择和记录并赋予规范化的检索标识的过程。著录和标引的结果就是制作出反映档案内容、形式、分类和存址的可以用来检索的条目。

（2）组织档案检索工具

这项工作是指按照一定的规则，对著录和标引所产生的大量条目进行系统排列，使之形成某种类型的检索工具，并根据需要进行检索工具的匹配，组成手工的或计算机检索系统。

2.档案查检阶段的主要内容

档案查检是指利用检索工具和检索系统查找所需档案的过程。包括如下环节：

（1）确定查找内容

确定查找内容是指对利用者的检索要求进行分析，确定利用者所需档案的主题，形成查寻概念，并将这些概念借助检索语言转换为规范化的检索标识。从确定利用主题到形成检索表达式的过程，也称为制定检索策略。

（2）查找

查找就是档案人员利用者通过各种手段把表示利用需求的检索标识或检索表达式与存储在手工检索工具或计算机数据库中的标识进行相符性比对，将符合利用要求的条目查找出来。在手工检索中，相符性比对由人工进行；在机检过程中，则由计算机担负两者间的匹配工作。

二、档案的编研

档案编研工作是档案馆（室）研究、加工、输出档案信息，主动地向社会各方面的广大利用者提供科学、系统的档案信息服务的一项专门工作。档案编研是以馆（室）藏档案为主要对象，以满足社会需要为主要目的，在研究档案内容的基础上，对档案信息进行深层次开发的过程。编研工作是积极提供服务与利用的有效方式，是提高档案工作水平的重要途径，有利于档案原件的保管，有利于档案内容和信息的流传，也有利于扩大档案机构、人员的影响。

对档案编研进行研究具有重要意义，一方面能丰富档案管理理论研究的内容、完善档案学科体系；另一方面有助于发掘、创新和交流编研的技能和方法，进而有效提升档案工作和档案学科的地位。

档案编研的主要研究内容是档案编研的理论与技术，具体如档案编研思想的起源与发展研究，档案编研的意义与内容研究，档案编研的类型与形式研究，大事记、组织机构沿革、基础数字汇集、会议简介、年鉴等的编纂和编写方法研究。

我国文献编纂思想源远流长，近当代对档案编研论述也颇为丰富，如曹喜琛等分析指出，曾三的档案编研思想主要有档案编研应与历史科学的研究相结合；开展档案史料的编研工作是开放历史档案、主动为社会服务的重要方式，也是发扬历史文化传统、提高档案干部业务水平、发展档案事业的重要途径。何丽云将改革开放以来我国档案编研工作与思想的发展历程划分为三个阶段：

20世纪80年代兴起的档案史料编纂时期，90年代的集体反思时期以及信息时代崛起的档案信息编研时期。

档案编研研究必然离不开对档案文献编纂的关注，一般认为档案编研的外延要比档案文献编纂广泛而又丰富，档案编研包含了档案文献编纂的内容。李财富提出广义的档案文献编纂学应该包括基础理论和应用理论两个方面的内容，前者包括档案文献编纂学概论、未来档案文献编纂学、档案文献编纂史和档案文献编纂方法学，后者包含文书档案文献编纂学、科技档案文献编纂学、专门档案文献编纂学；而狭义的档案文献编纂学应包括档案文献编纂选题学、档案文献编纂选材学、档案文献编纂加工学、档案文献编纂辅文学和档案文献编纂效益学。罗力通过对档案文献编纂学研究内容进行综述后，提出该学科研究目前主要有"环节内容论"和"宏观内容论"两种不同观点。

至于档案编研的研究发展，陈忠海提出应当建立档案编研学，认为这是档案工作发展的需要，是学科分化的必然结果，也是档案文献编纂学发展的需要。他认为档案编研学的体系结构应主要按信息的加工层次综合概括各种档案文献编研成果为宜，内容包括档案编研一般理论原则，一次档案文献汇编和公布，二次档案文献编写，三次档案文献加工和编制，以及参与编史修志、撰写论著研究等五个部分。严永官指出了当前档案编研理论存在两方面的不足：一是现有理论未能从根本上反映档案编研工作的方方面面，如编研主体比较狭窄，客体仅以馆藏档案为主等；二是尚未真正脱胎成为一门新的分支学科，目前档案编研的理论主要由档案文献编纂学和档案管理学这两门学科分别承担。他还提出档案编研主体应多元化、客体应社会化、成果应信息化，"档案编研学"应成为档案编研理论的代名词。

由于网络档案编研工作有着传统方式无法比拟的优点，如选题选材更为灵活，信息采集更为方便快捷，档案编研的手段更为多样，表现表达能力更为丰富，传播时空更为宽裕等，已经成为人们关注的重点，也将成为今后档案编研研究的发展趋势之一。如朱薇薇对网络环境下档案编研工作的现状进行了综述，并探讨了网络环境下档案编研工作者的素养问题、相关法律问题和编研工作定位问题。

（一）编辑档案史料现行文件汇编

编辑档案史料和现行文件汇编也称为"档案文献编纂"，它是指按照一定的作者专题、时间或文种等将相关的档案文件选编成册，在一定的范围内使用或出版发行。

编辑档案史料和现行文件汇编的工作方法，是将档案原文从原件中提取出来，按照专题集中汇编成书。它使档案信息脱离了原来的载体，与内容相关的档案信息共同组成新的文献形式（如果出版发行，则转化为书），它属于一次文献。档案史料和现行文件汇编的名称根据其内容、材料的成分以及详略程度不同，分别采用汇编、丛编、丛刊、辑录选编、选集等名称。

档案文献汇编主要有三个特点：第一，原始性。汇编所选录的都是档案原件，并且一般不做文字改动。第二，系统性。档案文献汇编都分成不同的专题，所选择的档案文件不仅在内容上相互联系，而且通过编排设计已构成一个有机的体系，清晰、客观地揭示事物发展变化的规律。第三，易读性。在编辑档案史料和现行文件汇编的过程中，编研人员需要对档案文件上的段落、标点、错别字和残缺文字进行校正和恢复，对文件上的批语、标记、格式进行处理，对于文件中的一些人物、事件、时间和典故进行注释，还要为档案文献汇编编写按语、序言、凡例、目录、索引等以便于利用者阅读和理解。

（二）编辑档案文摘汇编

档案文摘汇编是档案室（馆）根据一定的专题对档案原文摘要进行汇总形成的编研成果。档案文摘是对档案原文的缩写，它以简练的文字概要地揭示档案文件的主要内容，是一种档案的二次文献形式。档案文摘有时可以作为一种检索工具编制和使用。例如，档案著录项目中的"提要项"就是档案文摘的一种形式。档案文摘汇编是由具有共同专题的档案文摘组成的，它也可以公布、发行。与档案文献汇编相比，档案文摘在编辑方法和报道功能上比较灵活、简便和及时。

（三）编写档案参考资料

档案参考资料是档案室（馆）按照一定的题目，根据档案内容加工编写的一种书面材料，如大事记、组织沿革、专题概要、会议简介等。档案参考资料的编写依据是档案原件，但其表现形式已经改变了档案原文的面貌，属于三次文献。档案参考资料的主要功能是向利用者提供一定专题或史实的参考素材，具有介绍、报道档案内容和提供查找线索的作用。

第四节　档案的利用与统计

一、档案的利用

档案利用工作，是档案馆（室）通过各种方式向利用者提供档案、介绍档案情况、发挥档案作用为社会服务的工作。档案利用，可以体现档案工作的根本目的，在整个档案管理活动中占主导地位，既有赖于收集、整理等基础工作的健全，又是对这些环节管理活动成效的检验，利用工作是档案工作变被动为主动的关键，是宣传档案工作、提高档案工作信誉的重要工具。而对用户和社会大众而言，档案利用是满足其多样需求的基本途径。

研究档案利用，一方面有利于更好地指导档案服务和提供利用工作，有利于档案价值的实现，能促进和推动档案管理其他环节的工作开展，进而提高档案工作的效率和效益；另一方面能提升档案管理理论研究的广度和深度，改善档案管理理论研究的思路和方法，是提升档案管理理论研究地位和影响的有力手段。

档案利用研究的内容主要有：档案利用与服务理念研究，提供利用的方式研究，档案用户研究、评价指标和体系研究等。随着社会对档案需求的日益增多，需求层次和水平的日益提升，对档案利用的研究也越发深入和丰富。

首先是中外比较研究。李萍对中西方档案利用理论的发展进行了比较研究，认为双方的共性在于：早期对利用者范围的限制抑制了利用理论的萌生，史学家对档案利用理论发展做出重大贡献，档案利用理论超越整理理论发展成为档案学核心理论。同时也存在形成背景、研究者身份、开放与保密等观点上的差异等。丁梅则从服务态度和利用意识、法律和制度、馆藏和档案机构、档案的开放、档案利用方式等五方面，梳理了近年来中美档案学者对美国档案利用工作的研究成果。

其次是用户研究。胡燕认为在档案利用过程中，主体的利用行为是以利用机制的客观存在为前提的，并探讨了机制及其对主体利用活动的影响；陈永生的博士论文则从社会整体利益和利用者的行为共性出发，对档案利用的规律性和目的性进行理论探索，寻求和论证档案利用合理化的实践方案，并提出了数量维度上的充分利用、质量维度上的有效利用、时间维度上的及时与长远利用、空间维度上的协调均衡利用等方面的策略。

再次是技术与标准研究。陈永生和薛四新探讨了基于分级存储提升数字化档案信息利用效果的解决方案；霍振礼等对档案利用评价指标进行了探讨研究，认为档案利用效果的复杂性和隐含性决定了利用指标的多方位性，并在剖析了两个档案利用率公式的基础上，提出了馆藏动用率、档案利用投入产出比、利用拒绝率等其他评价指标及利用指标的选择。

在本体研究方面，冷地金提出应该建立档案利用学，认为这是社会与档案工作发展的需要，也是加强档案学建设的需要，并认为良好的学术研究环境和广泛的国际学术交流构成了档案利用学的历史机遇期。

档案利用的另一"代名词"就是档案服务，虽然有人认为二者在理念上有所区别，其实质就是一个问题的两个方面，只是前者是从利用者的角度出发的，后者则是基于提供者的视角。关于档案服务的研究同样十分丰富，并呈逐步攀升的趋势。如张卫东等在分析现代档案用户行为的基础上，力图构建档案资源个性化服务模式，以最大限度地实现档案资源的经济价值和社会价值；李扬新的博士论文就是研究我国档案公共服务政策；而王改娇的博士论文则依据权利义务理论、信息权利理论、权利救济理论、信息不对称理论等，对公民利用档案权利的理论基础及实现条件进行了论述。

社会化是档案利用与服务研究新的热点，饶圆在其博士论文中，对我国档案服务的历史形态、内在逻辑、生存环境进行梳理分析，在借鉴发达国家档案服务社会化的理论与实践基础上，探讨了我国档案服务社会化的基本原则、实现路径和运行机制；李财富等运用文献计量学方法，对我国的档案服务社会化研究成果进行统计，对相关研究的期刊文献量及文献主题分布情况进行分析，得出相关档案服务社会化的基本理论研究偏多、高校档案服务社会化研究相对繁荣、加强了档案服务社会化应用层次的研究、注重档案服务社会化理论的创新研究、关注档案服务社会化发展趋势和社会化途径研究、涉及对国外档案服务社会化研究的关注与吸收等结论。

（一）高校档案提供利用的特点

与其他类型的档案馆相比，高校档案馆所处的环境完全不同，而且高校档案本身由于其内容和收集周期的差异，导致高校档案利用呈现出自己的特点：

1.社会性不强

高校档案是高校教学科研、管理等活动的历史记录，其内容决定了它不可能有广泛的社会需求，而且现实工作也表明，高校档案的利用主体主要是高校内部各单位、个人以及少量的毕业生等，甚至某一部门形成的档案，其最大的利用主体就是本部门本身，高校档案利用率不高说到底也是这一特点的一种表现。

2.时效性很强

高校档案的收集周期是以年度为单位的，而且收集进馆的档案大部分是对本校单位、教职工和学生开放的。由于高校档案的利用主体主要是学校内部的单位和个人，因此高校档案的时效性就更加明显。而其他档案馆保存的档案，按规定一般是自形成之日起满三十年才能向社会开放，相比较而言时效性就显得差一些。

3.周期性明显

从类别上看，高校档案中教学档案的数量最多、利用频率也是最高的，这与学校以教学工作为中心是相一致的。与此相对应，高校档案的利用在实践中呈现出明显的周期性就不足为奇了。具体而言周期性一年可遇两次，一次是5、6月份，一方面这一时期是毕业生因求职、出国留学等需要办理有关手续的高峰期，另一方面，准备审材料的教职员工也需要查阅档案材料；另一次是11、12月份，这是报考研究生的时间，许多毕业生为了继续深造报考研究生时，需要提供在校学习成绩证明，这也需要查阅档案。

4.波动性强

高校档案利用与高校政策及建设紧密相关，如高校校园建设、本科评估等，会使高校基建档案、教学档案、行政档案等的需求量陡然增加，相应的利用数量也会突然增大，因此从纵向比较来看，各年份的利用波动也非常大。

（二）档案提供利用工作的内容

档案馆（室）所开展的档案提供利用工作既包括前台服务，也包括后台的组织与准备，主要包括如下内容：

①档案馆（室）工作人员了解和熟悉馆藏档案的数量、内容、成分、价值等基本情况，掌握各种检索工具的使用方法；

②档案馆（室）工作人员调查分析和预测社会对档案的需求，把握档案利用需求的趋势；

③策划、组织和建立多种提供档案的渠道，积极向档案用户提供各种形式

和内容的档案信息及相关资料；

④利用各种方式向档案用户介绍和报道馆藏，开展档案咨询服务工作；

⑤建立档案利用服务反馈机制，及时了解和掌握利用情况，以及用户的意见和建议。

（三）档案提供利用工作的形式

目前档案提供利用工作的形式主要有以下几种：

①向利用者提供档案原件，包括档案阅览室阅读档案、借出原件利用等方式；

②向利用者提供档案复制品，包括制作档案副本、摘录，编辑出版档案文献汇编，在报刊、广播、电视和网络等传播媒体上公布档案，制作档案缩微品及音像档案副本等方式；

③向利用者提供档案信息加工成品，包括制发档案证明、编写发行档案参考资料和编纂档案史料书籍等方式。

（四）档案提供利用工作的基础条件

档案提供利用工作是档案馆（室）接待各类用户，将档案信息输送到用户手中的过程。要顺利实现这个过程，使档案馆（室）具有一定的对外服务的功能，需要具备以下基本条件。

1.完善的档案管理的基础性工作

档案工作的八项业务环节中，收集、整理鉴定、保管检索等是提供利用的基础性工作，档案馆（室）只有建立和完善了这些基础性环节，才能为档案提供利用工作准备充足、有序、优良的档案信息资源。完善这些基础性工作主要包括：丰富馆藏；通过整理和检索工作使档案信息条理化、系统化；通过档案价值鉴定达到档案质量优化；修复破损或字迹褪色的档案，并对珍贵档案采取复制、缩微、刻录光盘等方式替代原件；通过建立检索系统，方便用户的查询等。可见，档案馆（室）要想大力开展提供利用工作，首先要在完善基础性管理工作上下功夫。后台准备得越充分，则前台服务得越顺利。

　　2.全方位的档案提供利用的立体化渠道

　　档案提供利用工作实质上是一个档案信息交换、传播的活动。它应该利用现代信息传播的原理以及信息网络技术，为自己构筑一个档案信息服务的立体化渠道。

　　档案信息服务的立体化渠道应该包括：对档案馆（室）已有的纸质文件和音像文件的直接利用渠道、档案馆（室）的平面或立体的展示渠道、新闻与广告传媒渠道、出版发行渠道、网络信息传播渠道等。通过利用多方位、立体化的传播渠道，将档案信息最有效地推到档案利用者中去，充分发挥其作用，也使档案提供利用工作更具灵活性和适应性。

　　3.适用的利用服务的硬件设施

　　档案馆（室）的提供利用工作需要一定的场地和设施，为此，档案部门要根据自身的职能、规模和客观条件，进行利用服务的硬件建设，包括设置固定的档案阅览场所，配备必要的阅览、复制及计算机网络设备，以及其他必备的利用服务设施。

　　4.健全的利用服务的规章制度

　　为了保证在档案提供利用工作中档案和档案信息的安全，明确档案服务人员与档案用户的责任、权利和义务，规范利用程序与手续，档案馆（室）在开展利用服务之前应制定周密的档案利用服务和利用管理的规章制度。它们应该包括档案利用服务人员的职责、借阅（归还）档案的手续、档案利用管理、复制档案或开具档案证明、阅览室和展厅及相关设备管理等方面的内容。通过这些制度，一方面可保证档案利用服务的质量，另一方面可维护利用过程中档案的安全。

二、档案的统计

档案统计是以表册、数字的形式揭示档案和档案工作情况的活动。档案统计工作按过程可分为档案统计调查、整理和分析；按对象来划分，包括对档案实体及其管理状况的统计和对档案事业的组织与管理情况的统计。档案统计工作是档案事业的一项基础工作，是对档案管理开展的重要依据，也是有力的监督手段。同时，在科学研究日益注重定量分析的今天，档案统计还是档案管理理论研究的重要措施和基础。因而档案统计工作要求做到准确、系统、及时和科学。

研究档案统计，有利于改进和完善档案统计工作的程序、内容和方式，具有实践指导意义，对档案学理论建设也具有重要价值，一方面为档案学开辟了新的研究视角和空间，另一方面也为档案管理理论研究提供可资借用的方法和手段（主要是定量的方法）。

档案统计研究主要探讨档案统计的原理与方法。具体包括：档案统计的意义、任务和要求研究，档案统计调查方案和组织研究，档案统计指标体系研究，统计资料整理的原则与方法研究，档案统计分析方法及运算公式，统计成果的提供利用研究等。

20 世纪 80 年代开始，档案统计方面的研究成果不断，最早并具有较大影响的研究有陈柏林的《试论档案工作中的统计》、温泉的《档案统计工作初探》等，特别是冯伯群的《关于档案统计工作的几个问题》，不仅分析了档案管理活动中统计工作的问题、地位和作用，还探讨了档案统计指标体系的建立、统计学一般原理和方法在档案统计中的应用，以及档案统计工作标准化等问题。后来的研究主题相对更为专一，如王桂荣专门探讨了档案统计指标的概念、作用和种类，档案统计指标和指标体系的设计原则和内容。但更多的文章是继续探讨档案统计的作用、地位，以及对档案统计工作中实际问题的分析和措施的探索，如苟维锋的《档案统计在档案工作中的作用》、王立维的《对档案统计地位的再认识》、徐兴林的《档案统计工作存在的问题及其对策》等。

无论是统计工作还是档案工作都是应用性和实践性极强的研究，所以研究人员多为档案实践工作者。同时，由于档案统计属跨学科研究，理论工作者中对档案学与统计学均有造诣且有兴趣的不多，高校和科研机构研究人员对此关注较少。通过题名检索，中国期刊网至今收录的主题为"档案统计"的一百多篇文章的责任者中，只有吴建华等几位作者为高校教师。至于档案统计的学科建设和研究前景，鉴于苏联在 20 世纪 70 年代开始建设档案统计学，并设置了专门课程，我国档案学界也一直力图构建档案统计学。吴建华就撰文探讨了建立档案统计学的意义及其研究方法，他还提出了档案统计学的研究对象是从档案这一社会现象的数量和质量相互关系中研究变化的程度及其规律性。

第五节　档案管理的研究对象

胡鸿杰在评析中国档案学主干课程时指出，我国正式出版的《档案学概论》基本都由档案、档案工作、档案事业和档案学四个部分构成，并将大量的篇幅放在前三部分，即对"对象性事物"的描述和阐述上。这里所指的管理对象包括档案、档案工作和档案事业，是从宏观层面的档案管理来论述的，而微观的档案管理活动对象仅仅指文件和档案本身。囿于篇幅和结构，本部分持后一理解。

一、文件（档案）的定义

定义，是一种揭示概念内涵与外延的逻辑方法。为文件（档案）下定义，就是通过对客体事物进行理论抽象，揭示其本质属性和一般属性，以明确文件（档案）的范围和特点。档案是档案学一切叙述的起点，因而关于档案定义问题的研究，几乎贯穿我国档案学和档案史研究的全过程。各国在研究档案术语体系时也多是从档案定义开始的，而定义档案一般都是以文件的定义为基础。也就是说档案的定义离不开对文件的关注和界定，文件（档案）的范畴分析自然也就成了内容维度档案管理理论研究的起点和重点，罗永平在对 20 世纪 90 年代档案管理理论研究热点进行分析时指出，在我国，档案定义是探讨持续时间最久、发表观点最多、讨论最热烈的问题，20 世纪 90 年代档案定义争论的热点聚集在定义中种差和属概念的选定与档案属性之上。本书对近几十年来探讨"档案定义"的期刊论文统计时发现，相关研究一直绵亘不断，并呈持续发展的趋势，在 20 世纪 80 年代初和 90 年代还出现了几次研究热潮。

张辑哲对档案定义的研究分为直观判定型和抽象揭示型，认为前者有利于人们直截了当地在现实中去辨认外观意义上的档案；后者的优势则在于它追求深刻、"出手不凡"，力图将档案独一无二的"本质"揭示出来。他认为现实中凡具有定义所界定的那种"历史记录""原始记录""信息"性质的东西均是档案，而不论其具体的存在形态及转化、形成过程如何，具体表述为"档案是社会成员（组织与个人）在其已往社会实践中直接形成的含义明确的原始记录"。

王英玮提出，在研究档案定义时要注意一般性的定义和法规性定义的区别：前者是认识档案的内在本质及主要的外部形式特征的思想手段，也是探索档案管理的科学方法、总结科学理论的理论基础；后者则是旨在规定国家或地区管理档案的范围，并以保证具有国家和社会意义（或价值）的档案不受损害。

韩宝华认为给档案下定义的基本点在于揭示档案的本质属性，包括其一般本质属性及特殊本质属性，并提出是以文献作为档案定义的属概念，才找准了档案的一般本质属性，从而也为准确揭示档案的特殊本质属性创造了良好条件。

邹吉辉在其《百年"档案"定义论略》一文中，分别探讨了古典档案学、现代档案学、后现代档案学时期档案定义的特点及其影响，概括出定义档案的基本规律和启示，并将19世纪末至20世纪末的百年间中外档案定义分为法规型、辞书型、教材型、专著型、论文型等五种基本类型。

张煜明在梳理关于档案定义的研究时，列出的定义类型有记录说、材料说、信息说、文献说、写照和文化遗产说、载体说和文件说。他本人对"文件说"表示赞同，并认为，将文件作为档案定义的属概念，体现了档案的词源与起源，揭示了档案的内涵和本质属性，有助于反映和指导档案管理工作的客观实际，因而也为国际档案组织、多数国家的档案机构与档案学者认可和使用。

胡鸿杰在分析现代学者对档案的界定时，认为大体可以归纳为：档案是一种"文件"或"文件材料"、档案是一种"文献"、档案是一种"记录"或"历史记录"、档案是一种"信息"等几种观点，并指出档案作为一种客观存在，是靠自身的某种属性来满足人们需要的物质，这种属性与需要之间的关系，存在于人们的社会生活之中，因而在定义档案时，应该用已知事物来阐释未知事物，而不是把一种已知的事物用未知或并不十分明确的某种含义去复杂化，此外，界定事物的基本目的在于认识这种事物的基本属性，进而揭示其基本属性的渊源，而档案的属性是在与人们的社会联系中产生的。从管理过程上看，档案是由社会活动中的直接产物——"文件"转化而来的。

丁海斌则认为应该根据不同时代背景对档案进行定义，他本人对档案的定义表达就有两种，一为"档案是人类活动的原始性符号遗存"，适用于传统时代，在于其内涵具有非现行性（遗）和存留性（存），可以将其与文件分开；二为"档案是人类活动的原始性符号记录"，适用于数字时代，在于其内涵可以包含文档一体性和电子文件计算机系统特有的自动记录性。后来，他又撰文根据定义的规则和下定义的方法对目前档案定义的属概念进行分析，并在对信息进行划分的基础上探寻包含档案的最小属概念，进而认为档案的定义可以简洁地表述为：人们有意识保存起来的人类活动的原始性符号记录。

文件（档案）定义的相关研究，不仅对于档案学科和档案学研究具有本体的和基础性意义，是一个与档案学的逐步成熟相关联、逐步完备起来的过程，对于档案管理实践中的一系列有关问题，也极具有指导意义，研究档案概念及其定义，从根本上说是档案管理实践的需要，绝非凭空提出来的要求。对于文件（档案）定义研究的未来，正如冯惠玲所述，"完备的档案定义不是作为某学科的先导，而是伴随着学科体系的最终确立而确立的"。随着档案管理活动的变化和档案学理论的发展，档案研究定义也必将不断得以发展和完善。

二、文件（档案）的属性与特征

属性是指某类事物的性质及其与他事物的关系，档案的属性就是指档案在社会中所表现出来的固有特征。正确认识档案属性和特征有利于厘清档案与相关事物的关系，有利于维护档案的本质要求和真实面貌，有利于认识和指导档案管理活动实践，因而是内容维度档案学研究的重要主题。

属性又可分为本质属性和一般属性（也有学者称之为派生属性）。前者是事物固有的，决定事物性质、面貌和发展的根本性质，它是区别一事物不同于其他事物的核心所在，而后者则是从不同角度、不同侧面反映出事物的性质和特点，往往具有多方面的界定。准确把握它们之间的区别，是探讨档案管理相关范畴的前提。陈智为就指出，事物的质与属性是多方面的，因此人们认识某一事物的质，应该客观地把握事物各方面属性的总和，而且要抓住与实践紧密相关的本质属性。他认为档案的本质属性可以归纳为原始性、实践性和凭据性。韩宝华也指出，只有切实而深刻地搞清档案的本质属性，才能理解古今中外人们的档案意识，才能科学地解释经得起实践检验的各种具体的档案管理体制与方法，才能按照档案自身的运动规律做好档案工作。他提出原始记录性是档案的本质属性，而信息储备源是档案的基本特征。据统计，1980 年至 2010 年期间发表在期刊上的档案属性研究论文共有 150 余篇，而论述档案本质属性的就有 56 篇，可见对档案属性的研究热情一直在持续，对本质属性尤为关注。

大多学者认为，原始记录性是档案的本质属性，而知识性和信息性是档案的一般属性。王茂跃将档案本质属性的相关研究分为以下几个观点：原始记录性，以吴宝康为代表；客观记录的归档保存性，以查启森为代表；信息性，以刘建平为代表；非现行性，以傅荣校为代表。

朱玉媛在梳理对档案本质属性的相关研究后，归结为四种说法："原始记录说"，以档案的形成过程与内容等为根据，原始记录性是档案的本质属性；"结构说"，以档案实体排列结构的特殊性为根据，提出结构性是档案的本质属性；"备以查考说"，认为不论档案的具体内容和存在形式如何，其存在本身就能作为证据或依据，因此备以查考性是档案的本质属性；"三属性交集说"，认为历史性、实践性和物质属性三者交集才是档案的本质属性，而其中单独一性都不构成档案的本质属性。她本人认为"原始记录性"作为档案的本质属性应给以充分肯定并予以深入研究。

伍振华等认为目前档案本质属性的研究主要有"原始的历史记录性说""历史再现性说""有机联系结构说""直接历史记录事后有用性说"和"可追溯性说"等五种观点。他在分析了这些争鸣中的重大分歧后，总结指出档案的自然属性只是档案本质属性赖以存在的基础，而不是档案本质属性本身，并认为正是以"备以查考性"为内核的档案的社会属性，使档案与其他文献区分开来。

王景高在其《档案研究 30 年（之三）——关于档案本质属性的研究》一文中将档案本质属性的观点归纳为原始记录性、归档保存性、备以查考性、记忆工具性、非现行性、三属性交集说与结构性说等六种，并分析了各种观点的优势与不足，如"备以查考性"的观点具有拓宽了档案的外延、突出了查考价值、强调了形成者或收管者的主观能动因素等特点；而用"记忆"理解档案可以增强公众保护档案的自觉意识和责任感，拉近档案与公众的关系，有助于拓宽档案资料收集工作的视野。

张仕君分析当前档案本质属性研究存在的主要问题有，命题逻辑不够严密、排他性不强、部分观点未把握住档案的特殊性、显得不够科学等。研究上的误区主要有，认识上的简单化和片面化，导致我们探讨档案的本质属性始终局限在档案自身，而不敢去考虑外部力量对档案本质的作用；片面认为档案的本质属性不能是多种属性的交集，把分类标准的设定同事物本质属性混为一谈。

对档案的一般属性和特征的研究成果更为丰富，如刘新安等对档案的真实属性进行探讨，认为档案的这一属性具有整体和个体两个不同的层次，并利用了归纳、系统、文献比较等不同认识方法给予论证。王云庆等认为，档案作为信息的属性是中介性、原始性和真实性，而作为知识的属性有原型性、孤本性、继承性等；朱传忠等认为档案的特点有普遍性、广泛性、多样性、价值性和滞后性等，属性则为原始记录性、信息性、知识性和实用性。

对档案属性和特征的研究，不仅是一个学科的基础性问题，也是档案管理实践的要求。通过深入研讨和认识此类问题，一方面，可以明确档案的本质及作用，澄清档案学研究的根本问题，有利于内容维度档案学研究的发展和深化；另一方面，与时俱进地充分认识档案属性，有助于发挥档案工作主体的主观能动性，进而更好地进行档案建设和服务，使之在社会进程中发挥应有作用，同时也有利于处理好档案管理活动同其他工作的关系及其与历史社会发展的关系。

三、文件（档案）的功能与价值

文件（档案）的功能与价值，同样也是理解档案和档案管理活动的前提，作为内容维度档案学的重要研究对象，一直以来为档案管理实践者和研究者所关注。由于档案的作用多样、价值表现丰富，人们对此看法和认识各异，正如黄彝仲在其《档案管理之理论与实际》（1947年）一书中所说："档案之功用，多因观点与立场不同，持论见解互有差异，各以其自己之主观，强调其作用。历史家视档案为史料，可供编纂史籍之根据与参考。收藏家视老档案为古物。行政家视档案为治事之工具。"但正因为如此，相关研究更具前途和生命力，近30年来，中文期刊的相关论文就多达670余篇。

（1）档案价值研究

正确理解和把握档案价值，对于完善档案学理论体系和科学地鉴定档案的价值，具有重要的理论和实践意义。目前对档案价值的研究主要包括对价值内涵的研究、对价值形态的研究、对价值规律的研究和对价值鉴定的研究等方面。

关于档案价值内涵的研究。郝晓峰提出，档案价值包括自身价值、转化价值和使用价值。其自身价值来源于档案劳动的特征，是转化价值的基础，而转化价值是自身价值的倍数。任宝兴将档案价值观归纳为劳动价值说（认为档案价值是凝结在档案中的人类一系列劳动）、效用价值说（认为档案价值就是档案的有用性）、关系价值说（认为档案价值就是档案的属性与人们社会需要的统一，其实质是一种关系范畴）和社会价值说。张贵华将国内外档案学界关于档案价值定义的研究归纳为三类：客体价值论（或作"内在价值说"，认为档案价值是档案本身所固有的），主体价值论（认为档案价值是由利用者的主观意志决定的）和关系价值论（认为档案价值是客体对主体的意义所在）。他认为档案价值根源于档案客体，却取决于主体，并产生于主体的实践认识活动中，是主体与客体间的一种特定关系。王英玮在评价这些档案价值研究时指出，"主客体关系价值论"缺乏必要理论依据，不能作为问题探索的指导理论，"使用价值论"的实质是瓦格纳的"一种价值论（即使用价值）"，只有马克思主义的劳动价值论对档案价值问题研究具有深刻的现实意义。

关于档案价值形态和档案价值规律的研究。所谓档案价值形态，就是指档案价值的具体表现形式，是对各种档案价值具体的抽象和概括。档案价值与档案价值形态之间是抽象和具体、一般与个别的关系。而由于档案价值是客观存在的，档案价值的实现自然也有一定的规律可循，研究和掌握档案价值形态和实现档案价值的规律性，是为了在尊重这些客观存在和规律的基础上，更合理更有效地发挥档案作用。

吴宝康指出，档案价值规律主要有价值扩展律、档案机密程度递减律和档案科学作用递增律。

冯惠玲等认为从不同的角度剖析和划分，档案价值具有不同的表现形式：根据档案价值实现领域和效果的不同，可分为凭证价值和情报价值；根据档案价值实现时间的不同，可分为现实价值和长远价值；而根据价值主体的不同，可分为第一价值和第二价值。而档案价值实现的规律主要有扩展律、时效律和条件律等。

刘永认为档案的基本价值，包括凭证价值与参考价值；档案的基本作用，包括维护国家、集体和个人权益的法律书证及在政治斗争、行政管理、生产建设、科学研究、宣传教育等方面的各种作用。而档案发挥作用的规律，包括档案作用的时效律和扩展律、机密性递减律和社会性递增律、行政作用弱化律和科学作用强化律、档案价值共享律及档案价值条件律。

晏志才认为档案的价值表现形态有知识价值、凭证价值、史料价值和艺术鉴赏价值；其价值运动规律有档案价值转换定律（即知识价值随着时间的推移而衰减，并逐渐变成史料价值）和凭证价值守恒定律（即档案凭证价值不会随时间发生变化）。

任宝兴认为，依据档案价值的形成发展过程，可分为保存价值与利用价值；根据档案价值的作用性质，可分为凭证价值与情报价值；从空间划分，可分为对形成单位的原始价值与对其他单位和公众的社会价值；从时间划分，又可分为现实利用价值与历史研究价值；从作用范围和领域划分，还可分为行政价值、经济价值、科学价值、文化价值、军事价值和法律价值等。他认为档案价值实现规律有主导律、扩散律、价值扩充律和衰减律。

中国人民大学的张斌是档案价值研究的集大成者，他的著作《档案价值论》对档案价值的现象、本质及其运动规律进行了全面的探讨。全书由档案价值本体论、档案价值认识论和档案价值实现论三部分组成：其中本体论研究了档案价值本身的存在、根源、性质和形态及其方式等方面的问题；认识论包括档案价值认识的含义和内容、认识的系统结构和形式、认识方法和鉴定等；实现论包括档案价值实现的含义和实现规律（如时间对档案价值实现的双向影响规律、社会性递增规律、环境或条件规律）。

（2）档案功能研究

对档案价值的研究离不开对档案功能的关注，两者关系密切：前者是档案这一特定事物在与外部的关系中表现出来的能力、功效或作用，而后者是指档案对利用者需要的满足，是人的需要对档案属性的肯定关系，可以说功能决定着档案的价值，而价值实现又使档案功能得以发挥和显现。两者的区别是，价值具有较高的抽象性，具有比较稳定的特征，而功能则相对比较具体，可以根据环境与需求的变化呈现出多种形式。因而，对档案功能的研究更为丰富多样。

吴桂莲认为档案的功能和价值主要有：证实功能和社会价值，指导功能和业务价值，物化功能和经济价值。孔祥云则认为档案具有收集和存储功能、社会历史记忆功能、资政决策功能、授业与教育功能、学术研究功能、休闲功能等。王萍指出，档案内涵的真实性决定档案的自身价值，并由此产生三个方面的社会功用：是获取信息的主要来源、是编史修志的必要基础、是各项工作的重要依据，具体表现为检测、评价、交流、教育、咨询、决策和凭证等功能。黄红在《关于拓展档案功能的几点思考》一文中提出，档案的功能在日常存放的状态下是潜在的，只有通过档案利用实践才会显现出来，因而要通过档案利用实践去发现和认识档案功能。该文还分析了拓展档案功能的条件，并提出了应通过加大档案工作宣传力度、优化档案结构、以现代化手段促进档案功能的发挥、转变档案人员的观念等措施来拓展档案功能。

档案来源的广泛性和内容的丰富性，决定了档案功能和价值形态的复杂性和多样性，研究档案价值和功能，有利于发现和掌握其特征和规律，进而提高档案工作的科学管理水平，因而内容维度的这一研究对象具有继续拓展和深入的可能和必要。

第四章　专门档案管理工作

第一节　专门档案及其管理

专门档案往往产生在机关或企业、事业单位，而且是比较重要的核心档案，是机关或企业、事业单位的主体档案。专门档案应归入档案管理中，其应按照全宗管理的原则，实行集中统一管理。

一、专门档案的含义

专门档案是在一定的专业领域内形成的。专门档案并不是一个档案种类的实体概念，而是一个既从宏观领域进行归纳形成的概念，也是从档案种类划分角度形成的群体概念。专门档案不同于专业档案，尽管二者互有联系，但二者的性质有较大的不同。二者的相同点在于它们都是在一定的专业领域内产生的，不同点在于它们是从两个不同的角度提出的概念。专业档案的概念是从社会行业分工的角度提出的，包括了一个行业的各种档案形式，如文书档案、科技档案等；而专门档案既是从档案种类划分角度提出的一个非实体概念，又从宏观领域进行档案种类的归纳。一个档案门类，只蕴含属于一个特定业务范围的一种档案，如会计档案、人事档案、教学档案等。当然，由于社会分工的联系与交叉，档案类别的划分也是互有联系与交叉的。例如，在教学活动中形成的教学档案，其中某些教学实践属于科技方面的，独立地看，这些档案理应归入科技档案的范畴；而其中某些教学实践属于艺术实践方面的，独立地看，这些档案则应归入艺术档案的范畴。社会实践的复杂性决定了人们认识上的多样性，产生某种认识上的交叉完全是可能的，也是允许的。但是，在档案的实际管理活动中，必须认真区别不同档案产生领域的基础，进行合理的归类划分，如此才不会导致管理上的混乱。

构成专门档案的各种文件应有稳定、规范的文件名称与结构形式。尽管因为社会分工的不同，档案管理的类别划分有差异，但是这种类别划分之间具有一定的联系与交叉，并不是截然分开的。专门档案与文书档案、科技档案等最大的差别在于，专门档案的各种文件应当有稳定的、规范的文件名称与结构形式。例如，会计档案以会计账簿、会计凭证、会计报表等为基本文件名称与结构形式；人事档案以各种表格、鉴定材料、晋级材料、评定材料，以及党团、工资接转材料等为基本文件名称与结构形式；统计档案则以月报、季报、半年报和年报等为基本文件名称与结构形式。

专门档案各有适应专业需要而产生的文件形成、归档、管理规律。专门档案是适应社会分工日渐细密、必须按类别管理具有不同特点档案这一社会要求的产物。所以，专门档案不仅是基于各项专业活动需要并为之服务的、具有特殊的个性，而且伴随着各项专业活动的全过程，打下了各项专业活动的鲜明"烙印"。因而，在文件的形成、归档、管理等方面，专门档案均具有与一般意义的档案管理相区别的特殊规律。

专门档案各有适应不同专业领域特点、不同文件载体的整理与管理方法。专门档案同其他档案一样，也是人们在社会实践活动中形成的，它是以不同内容、不同形式的档案同文书档案、科技档案一起记述和反映社会实践活动的真实面貌，也是"档案大家族"的成员之一。我们不难得出这样的认识：专门档案要么形成于特定的专业领域，要么载体特殊。这种特殊性，使专门档案在文件的整理与具体管理方面具有了适应不同专业领域特点、不同文件载体的要求。例如，审计档案、诉讼档案大多是由审计、诉讼的专用文书构成的，声像档案、新型载体档案等则是由感光材料、磁介质材料构成的。因而，它们必然会在形成积累、系统整理、管理手段上表现出各自不同的、鲜明的"个性差异"。

二、专门档案管理的基本要求

在管理与研究各种门类的档案时，既需要充分考虑不同专门档案的个性特征，又要兼顾不同专门档案的共性特征，将两方面的特征有机统一起来。此外，还应注意从以下几个方面始终坚持并加以把握。

（一）坚持党和国家的方针政策

党和国家制定的关于档案工作的方针政策、制度法规，以及国家档案行政管理机关制定的档案工作的通用规章制度、规范标准、工作规划等，都是在全面概括各种门类档案共性的基础上制定的，具有普遍的指导意义，也是各种门类档案管理与研究的基本依据。

（二）坚持既定的档案管理原则

中国实行档案工作统一领导、分级管理的原则。这既是档案工作的基本原则，也是档案学基本理论的重要组成部分。"统一领导、分级管理"的原则对于各种门类的档案管理与研究是普遍适用的，这也是开展专门档案管理工作实践所必须遵守的基本准则。

（三）坚持满足科研开发等活动的利用需求

维护档案的完整与安全，采用现代化技术手段与科学方法，保护、修复档案，尽可能地延长档案载体的寿命，维护档案的安全，完全适用于各种门类的档案管理工作需要，也是各种门类档案管理工作的共同目标和任务。

（四）坚持与社会发展同步，采用现代技术手段

在信息化飞速发展的今天，努力开发档案信息资源，服务社会主义现代化

建设，是包括专门档案在内的各种门类档案管理工作的共同目的。由于各种门类档案的内容、使用范围、保密程度、管理要求等具有很大不同，因而在专门档案的信息开发利用工作中应采取不同的方法和手段。

三、专门档案管理的一般规则

（一）专门档案必须集中统一在本单位综合档案室管理

各种门类的档案管理所遵循的依据是国家关于档案工作的方针、政策、法律、法规，档案行政管理部门制定的规章、制度、规范、标准，如《中华人民共和国档案法》《中华人民共和国档案法实施办法》等。

中国档案工作的基本原则是实行档案的集中统一管理。专门档案是国家全部档案的一个组成部分，也是现行机关、团体、企业、事业单位档案的组成部分，必须实行统一管理。专门档案无论是会计档案、审计档案还是土地管理档案，都具有整体性和成套性的特点。从宏观上讲，各种门类的档案，必须依据档案工作共同的管理法规、标准、规范，针对不同门类档案的特殊性，把各种门类档案集中统一管理。虽然专门档案具有整体性、成套性的特点，但具体的管理方法各不相同。专门档案办理完毕必须收归本单位的综合档案室。一个单位的全部档案是一个不可分割的整体，各种专门档案属于这个整体的一部分。对于需要长远保管的档案，在本单位保存一定年限后，应统一移交给当地有关档案馆，不得任意转移、销毁。从微观上讲，各种专门档案在本单位应该有统一的科学管理方法，其中最主要的是专门档案形成前的文件材料的积累和归档。全体工作人员需要具备一定的档案意识，养成良好的工作习惯，做到处理问题有依据，处理过程有记录、有统计数据，处理结果有总结。

（二）维护专门档案的完整与安全

维护专门档案的完整与安全，对专门档案管理具有十分重要的意义。完整，是从数量的意义上讲的，就是要使专门档案收集齐全，不能残缺不全。从质量上来讲，就是要保证专门档案的准确、系统，不能与客观实际相抵触，更不能任意割裂分散。安全是一定要保证专门档案的真实、可靠。改善专门档案的保管条件，实行科学管理，方可延长专门档案的使用寿命，避免损失。

专门档案，特别是合同档案、诉讼档案等，若不完整、不准确、不系统，不仅影响使用，还会造成假象，引出错误结论，给个人、集体、国家带来损失。

第二节　会计档案的管理工作

会计档案管理工作逐步由传统的纸质化办公转向电子化管理。依赖于网络技术、数据信息库，以及云端传输技术的优势，企事业单位的财务管理工作更为先进与智能。其一，企事业单位会计档案管理人员通过对电子档案的合理运用，能够有效改善纸质化档案在管理过程中办公场地和相关器械的成本耗费问题，并且能够便捷进行档案的整理、分类、储存、共享、优化等工作，提高会计档案管理效率。其二，会计档案管理融合数据信息检索技术，对重要的档案数据资料实现快速准确地定位、提取和转移，能够提高财务管理部门与其他工作部门之间的协同发展效率，共同提高财务管理水平。其三，企事业单位会计档案管理人员能够将相关的档案信息进行全面分析，并得出科学的结论，发掘其中深层次的内涵和价值，为企事业单位进行商务决策时提供强有力的理论参考，同时能够最大限度地降低企事业单位资金风险，提高企事业单位内部治理水平和能力。

一、会计档案的特点与功能

（一）会计档案的特点

1.专业性

由于会计档案是紧紧围绕着会计工作展开的，有其独特的业务性质，所以会计档案具有一定的专业性特点。会计档案从载体上可分为两种形式：一种是包括会计凭证、会计账簿、会计报表、其他会计核算材料及在管理过程中手工填制的以纸质形式存在的会计档案；另一种是以数据形式存在的非纸质会计档案。在会计档案中，凭证、账簿和报表都具有表格的特征，都有固定的格式和填写项目，主要通过数据来记录单位各项经营状况、财务收支情况及企业的盈利和偿债能力。另外，会计档案的装订和保管也具有自己的特性。

2.广泛性

凡是能够独立核算的单位都会形成会计档案。无论是企业还是事业单位、行政机构，都会展开一系列的经济活动，从而形成会计档案，尤其一部分自收自支的事业单位，其性质相当于企业，实行独立核算，单位自负盈亏，此类情况一般都设有专门的档案管理部门以保存档案，所以具有一定的广泛性。

3.严密性

会计部门通常在一个会计年度产生数量庞大的会计资料，这些资料之间联系紧密，由原始凭证到记账凭证，再根据记账凭证填写会计账簿，最后根据会计账簿出具会计报告，所有资料环环相扣，它们的产生有一套严格的流程。会计档案相较于其他档案资料，内部规律性较强，任何一项经济业务从开始到结束，都有连续的记录，保持了会计档案的整体性。这有利于单位进行准确的计算和综合分析。

4.发展性

随着社会发展的多元化和现代化，经济活动中所使用的媒介也发生了相应变化。例如，随着数字支付、手机审批等交易方式的出现，电子发票、电子汇款单等现代化会计档案应运而生，会计档案的形式不断被扩充。同时，会计档案随着不同时期单位内的经济活动而不断变化，因新的经济类型变化和发展内控的要求不断前进，档案的内容也随之变化。

（二）会计档案的功能

1.总结经验，利于参考

通过会计档案对反映本单位经济活动和收支情况的各项经济指标进行基本的数据分析，全面评价并得出结论，可以根据结论提出对单位管理工作的建议或措施，还可以通过会计档案进行会计分析、预测，进而引导各方面的工作。另外，会计档案如实记录了本单位各项经济收支过程，尤其在生产经营类事业单位中起到的作用更加明显，记录了全年物资成本、人力资源成本、生产成本以及各项生产经营盈利情况，对今后年初预算的制订、明确事业长远发展方向，起到了重要的指导作用。

2.便于核算，责任到人

随着政府职能的转变，机关事业单位政务公开、财务公开制度深入发展，各种贪腐、经济犯罪等行为越来越无所遁形。会计档案能够准确反映单位在日常经济活动中取得的成绩及存在的问题，便于单位自身进行核查核算，同时也有利于会计核查机构对单位进行监督检查。一方面，可以通过会计凭证查明各项经济业务是否符合有关的政策、制度、计划以及预算的规定；另一方面，会计档案是一个集体以及个人经济活动最原始的记录，一旦出现了经济责任事故，会计档案作为第一手资料，在梳理案情、披露经济事故责任过程中，是最直接、最有力的证据。

3.以史为鉴，展望未来

随着社会的日益进步，会计档案的史料价值将日益得到体现，为本单位的各项经济活动提供珍贵的史料记载，是经济研究中不可缺少的研究材料。此外，会计档案为经济活动提供了原始凭据，成为证实客观经济活动的历史证据，具有一定的参考依据。从国家进行经济政策决策方面来看，国家在制定相关的经济计划时，还可以通过切实研究相关单位在会计档案中的各项经济活动情况，制定出许多更为科学的决策。

二、会计档案管理的类型

（一）纸质会计档案管理

1.纸质会计档案的优势

纸质会计档案的管理在中国档案的管理工作中已经有相当长的历史。纸张的稳定性、易储存性、直观性，是纸质会计档案长期存在的主要原因。

纸质会计档案一旦有人修改，就会在原始单据上留下痕迹，因此有不易修改性等特点。

2.纸质会计档案的劣势

第一，纸质会计档案的管理要注意防水、防火、防潮、防虫及自然灾害等；第二，储存纸质会计档案会占用大量的空间，需要有一定的储存场所，同时还要具备通风防潮的条件；第三，纸质会计档案的储存占用的空间场所，会增加管理费用及折旧的计提，储存成本较高；第四，要想管理大量的纸质会计档案，就需要设置专门的档案管理人员，这会增加人力成本支出；第五，查找纸质会计档案不方便、不便捷，工作效率比较低；第六，要防止人为破坏、故意篡改或损毁纸质会计档案；第七，纸质会计档案所需纸张较多，易造成浪费，不利于集约型社会建设；第八，由于纸张的特性，借阅或调阅过程中，容易磨损或破损。

（二）电子会计档案管理

1.电子会计档案的优势

第一，电子会计档案的存储有节省空间的优势，存储空间可以及时扩充；

第二，节省空间费用的支出，减少折旧的计提；第三，电子会计档案的管理可以节约人力成本，不需要太多的人；第四，电子会计档案管理借助于电子媒介，可以节约纸张，符合绿色环保的要求；第五，利用互联网技术、加密技术，设置电子会计档案的查阅权限，实现在任何时间查阅、任何地点调阅；第六，基于电子会计档案的媒介特质，实现会计档案的共享；第七，查询会计档案方便、快捷，提高了工作效率，节约了时间成本；第八，利用可备份的优势，防止电子会计档案数据受损或缺失。

2.电子会计档案的劣势

首先，电子会计档案存储媒介特殊，易于被病毒侵入、黑客入侵，面临网络安全问题，因此增加了档案被破坏或数据丢失的风险性。其次，档案被篡改的风险极高，且修改后不易留痕，很难被发现。例如，修改会计凭证时，只要获取了会计主管、复核、记账、出纳、制单的登录密码，按顺序解锁签名，将指定的会计凭证修改后再按顺序依次签名，即可完成此张记账凭证的修改，如果没有留存纸质打印版的记账凭证作为对比，就很难发现被修改过。所以，如果加密系统出现问题，电子会计档案就无安全性可言。最后，查阅电子会计档案依赖于互联网、各种终端设备，缺一不可。

三、会计档案管理工作规范化的策略

（一）依据企业情况构建会计档案管理机制

通过对上述企业会计档案管理过程中存在的规范问题的研究，笔者认为在未来会计档案管理的过程中，如果想要帮助企业获得更好的会计档案管理效果，推动企业会计档案管理的规范化发展，就应从企业现阶段乃至未来的发展战略出发，构建具备企业自身特色的会计档案管理机制，汲取以往会计档案管理过程中存在的不足，以此实现会计档案管理规范化的目标。比如，就这一环节，企业在制定相关管理机制的时候应秉持国家有关会计档案管理的规章、制度，确保会计档案管理机制合法、合理的同时，帮助企业获得预期的管理效果。

（二）设计完善的会计档案的取用审批流程

档案取用环节是整个档案管理过程中比较容易出现纰漏的环节，所以，在规范企业会计档案管理的过程中，管理者应围绕内部档案、资料的取用、审批流程，进行进一步的规划，从而最大程度上避免取用环节档案资料的丢失。

（三）创设全过程规范化会计档案管理流程

在现阶段企业会计档案管理发展的背景下，传统的档案管理流程已经很难满足企业发展的需求，所以在未来的会计档案管理规范化环节，管理者应逐步将全过程的管理理念渗透到会计档案管理中，从原始凭证的填写、粘贴等环节入手进行明确的规定和要求，为后续会计档案管理工作奠定坚实的基础。

比如，就这一环节，首先，根据原始凭证填写记账凭证是制作会计档案的初始阶段，这一阶段会计工作人员对凭证的处理、粘贴效果会在很大程度上影响后续会计档案的管理。所以，笔者认为企业可以从日常生产经营过程中常见的原始凭证样式入手进行研究，选择兼具美观、实用等多样优势的财务凭证粘贴模式，为后续会计档案管理的规范化奠定基础。其次，在完成了记账凭证的填写和粘贴后，会计人员需要对拟进行存档的会计资源进行移交存档。一般情况下，这一环节应严格按照国家以及企业的相关会计档案管理标准予以执行，在确保多方责任人在场并确认的基础上进行档案的移交及核验，以此提升会计档案管理的规范性。最后，待到档案移交到相关档案管理部门之后，管理部门应根据档案的内容、材质、保管期限等进行更加细致的归类、划分，并在归类、划分后根据会计档案管理的切实需求进行相应建档、保存，确保会计档案管理工作的规范性，同时保障纸质档案在管理环节的安全。

（四）组织具备更强会计档案管理能力的人才团队

对于会计档案管理工作来说，管理人员的专业性对规范企业会计档案管理具有重要影响。所以，在未来推进会计档案管理规范化的过程中，一方面，管理者应着眼于企业原有档案管理人员专业水平、职业素养的提高，使其能够更好地运用与会计档案管理有关的各种现代化技术，以此提升这一管理工作的规范性；另一方面，管理者也应结合企业实际需求选拔一些具有较强专业档案管理能力的人才参与到企业会计档案的规范化管理中来，以此推动未来企业会计档案管理的发展。

（五）创新服务方法，提高服务能力

会计档案有着很强的专业性，如果不是会计人员，理解起来就十分困难，不能使会计档案为企业服务的价值充分实现。因此，要想最大限度地将会计档案的作用发挥出来，就要将会计档案的著录标引落实到位，并结合企业现代化管理的需求，根据特定的形式及规则对其重新排列组合，使其成为可被企业管理者直接利用的重要资料。企业会计档案的潜在价值相当大，只有进行编研加工，才可以为企业管理部门提供便于掌握且全面的信息资料，才可以为企业发展提供更多的服务。会计档案还要积极衍射服务领域，在保证不会泄露商业机密的基础上，将有潜在价值的经济指标进行编研，为有需要的部门所用，从而提高经济能力。

第三节　人事档案的管理工作

人事档案管理是对人事档案进行管理的一项活动，它涉及每一个工作人员，与员工的切身利益息息相关。档案资料主要包括工作人员的经历、学历和业务能力，是反映其工作状况、思想动态等方面的原始资料。因而，人事档案管理具有真实性、可靠性、专一性和参考性等特点。人事档案管理工作随着市场经济的发展不断发生变化，其内容和要求也与时俱进，呈现出新的特征，在人事管理工作中发挥着越来越重要的作用。

一、人事档案概述

人事档案资料是记录人事工作情况的历史资料，一般是以文字、表格及其他各种形式在单位中集中保存的原始资料。中国的人事档案分为 4 种类型，有学生档案、工人档案、干部档案和军人档案，是在人事管理活动中形成的有关的文字资料，一般包括干部履历表、职工登记表、考核表、调资表等具有参考价值的数据资料，是全面考查和正确使用干部的重要依据。

人事档案资料也是国家档案的重要组成部分，是以个人姓名为特征，按照一定规范组成的专卷或专册。个人档案具有专一性的特征，它的内容和成分只能是同一个人的有关资料，是反映一个人的工作学习经历，涵盖其思想品德、专业能力、业务水平、爱好特长等基本情况的原始记录。一个人的工作经历很多，而人事档案资料是具有保存价值和使用价值的文字资料，是按照归档程序要求、规范管理进行归档的有查考价值的资料的总和。

二、人事档案管理的重要性

人事档案主要包括工作人员的学历情况、工作能力、工作经历和政治身份等内容，档案资料能够概括反映一个人的工作能力和思想状况，其中比较重要的是专业技术知识水平和工作人员的升迁，这对于人才的选拔和任用具有重要的参考价值。因此，对人事档案进行规范化管理具有十分重要的意义，不仅可以使工作人员了解自己的工作情况，从而有针对性地进行改进，不断提升自己的工作水平和能力，也可以使用人单位依据档案资料来对工作人员进行评价，为工作人员的后续发展创造条件。

科学、规范的档案管理可以激发工作人员的积极性，调动工作人员的工作热情，为人才的可持续发展奠定基础。做好人事档案管理工作不仅有利于工作人员的发展，也能不断提高工作效率，更好地发挥人才的作用。

三、人事档案管理工作的内容分析

（一）人事档案包含的材料

人事档案，是在人事管理活动过程中形成的，经单位审核认可的，记载职工个人身份、思想品德、学识能力、工作业绩、工资待遇等事项的文字或表格，是反映职工德、能、勤、绩、廉综合情况的真实材料。人事档案必须经组织人事部门鉴定认可，分人立卷，统一保管，具有真实性、动态性、准确性、完整性、专属性、保密性等特点。

按照身份划分，人事档案可分为干部档案、工人档案、学生档案、军人档案等类型。军人档案由军队人事部门管理；学生档案由学生工作部门管理；工人档案由劳资部门管理；干部档案有组织人事部门管理，干部档案又细分为管理干部档案、专业技术干部档案。

以下主要介绍干部人事档案的内容。

2018 年 11 月，中共中央办公厅印发《干部人事档案工作条例》，规定干部人事档案的内容包括以下十大类：第一类，履历类材料；第二类，自传和思想类材料；第三类，考核鉴定类材料；第四类，学历学位、专业技术职务（职称）、学术评鉴和教育培训类材料；第五类，政审、审计和审核类材料；第六类，党、团类材料；第七类，表彰奖励类材料；第八类，违规违纪违法处理处分类材料；第九类，工资、任免、出国和会议代表类材料；第十类，其他可供组织参考的材料。

人事档案是记录职工成长经历、社会关系、工作成绩、工作能力、业务特长和奖惩等情况的重要信息，是单位身份认定、选人用人、职称评聘及办理离退休手续的重要凭证，是记录工龄、职务、工资，办理养老保险、医疗保险等待遇的重要依据。

（二）人事档案管理流程

开展人事档案管理，应主动收集、认真审核鉴别，科学分类立卷、安全保管，进而有效利用，下面分别加以介绍。

（1）收集材料。把握"五一"表彰、"五四"表彰、"七一"表彰、年终考核评优、职称评聘、换届选举、干部交流换岗、党员发展等时间节点，联系相关部门，列出清单，主动收集、及时收集，做到应归尽归，并进行材料交接记录。

（2）分类排序。对收集到的原始材料，先认真审核鉴定，再进行分类排序。第一至第三类、第七类、第十类，一般按时间先后顺序排列。第五类、第八类材料，按主次关系排列，上级批复、结论或处分决定放在前面，本人意见、调查报告、证明材料、本人检讨、交代材料等在后。第六类材料，按以下顺序排列：入团志愿书、入团申请书、退团材料；入党志愿书、入党申请书、转正申请书、党员登记表，加入其他党派材料等。第四类、第九类材料，属于混合材料，先按材料的性质分小类，每一小类再按时间先后顺序依次排列。

（3）编号分卷。分类排序结束，给材料编写档号，通常由分类号＋份次号组成，标注在每份档案材料的右上角。比如 1-1 是指第一类的第一份履历材料，3-1 是指第三类的第一份考核材料，依次类推。同时，对每一份材料用铅笔逐页编写页码，单页标注在档案材料的右下角，双页标注在左下角。编号结束，按照档号顺序分成体量大小合适的若干卷。

（4）制作目录。档案目录应标明材料的类号、材料题名、形成时间、页码、份数、备注等信息，每一类目录后面预留适当空隙，一般每一类占 1 页，第四类、第九类可占 2 页，以备后续填充。

（5）装订归档。拆除档案材料上的金属器物，按照页码排好顺序，制作卷皮，目录在上，正文在下，核对无误后打孔装订成卷。装盒存档，在档案盒上标注姓名、编号。中层干部、高级技术职称人员的归档材料，一般经单位领导、组织人事部门审核后归档。基层管理人员、中级以下技术干部归档材料，经所在部门领导、组织人事部门审核后归档。

（6）安全管理。影响档案材料保存、使用的因素比较多，主要有温度、湿度、磁场、光照，空气中的有害气体、灰尘颗粒以及霉菌微生物等。相关标准规定，比较适宜的库房环境温度为 14～24℃，湿度 40%～60%，可有效抑制霉菌滋生，防止纸张脆化；光照强度为 50～300 Lux，可有效减轻紫外线破坏，字迹褪色、纸张老化。因此，要加强技术防护，做好档案防火、防潮、防蛀、防光照、防高温、防氧化污染、防尘、防盗等安全工作。

第四节 科技档案的管理工作

科技档案是科学技术档案的简称，是在自然科学研究、生产技术、基本建设等活动中形成的应当归档保存的图纸、图表、文字材料、计算材料、证书、声像资料等科技文件材料。科技档案管理工作应随着科技的发展、时代的进步与时俱进，不能停留在传统的管理模式上，应在信息化水平提高，科技档案的多角度、多层次开发利用等方面下大力气。

一、科技档案特点的表现形式

（一）实用价值

科技档案管理工作的主要任务不是保管和存放，而是如何让科技档案发挥更大的实用价值。科技档案集中反映了科技活动的全过程，其内容的准确性与完整性要求更高，如果出现档案信息失真的现象，就会严重影响后续科研活动的开展。因此，在整理科技档案资料时，要高度重视科技档案的实用特点，核查好档案编号和立卷分类，并在科研项目有了新的突破后积极更新原有档案资料。企事业单位在攻克某个科技项目并成功运用了新技术时，应在科技档案中明确记载，避免重复研究情况的发生，确保科技档案的实用价值得以彰显。

（二）专业产物

科技档案涉及很多专业领域的技术研究成果，是人们在科学技术、产品研发方面的专业产物，其来源较为广泛，内容纷繁复杂，从科技档案资料中就能分析并预见到科技发展的新方向和前景。每个行业的档案都体现出了各自明显的特征，科技档案更是集中体现了各专业领域科研的发展以及取得的可喜佳绩。因此，专业产物是科技档案特点的重要表现。科技档案管理规章制度的制定、归档目录的规划、汇总数据的分析等档案管理内容都是在科技档案专业产物管理的基础之上展开的一系列活动。

（三）多种载体

科技档案管理内容与企事业单位常规档案管理内容有着显著的区别，常规档案管理内容主要是文件、图片、影像等资料的立卷归档，而科技档案管理内容具有多种载体形式，不仅包含了常规档案管理内容，还记录了科研项目从无到有的全过程。因此，科技档案载体较为丰富，图片、声音、影像、文字、表格、数据库等载体保存了大量的科研资料，为科学技术的发展提供了诸多助力。这些载体形式也成为科技档案特点的主要表现之一，是科学技术研究成果的重要组成部分。

二、科技档案管理工作的主要目标

（一）摒弃落后管理思想

企事业单位改制以后，一些科技单位领导开始主抓经济效益，单位的发展规划与方针政策主要围绕经济效益来开展，档案管理的内涵和形式都发生了偏差，致使科技档案管理呈现出僵化的状态。一提到科技档案管理，一些人就会想到保管、整理、立卷等与"管"有关的工作内容，却没有深入思考"管理"这两个字的真正含义，忽视了科技档案管理的特殊性，经常在档案管理系统发布一些利用价值不高且已经过时了的档案信息，使得人们对科技档案信息资源的评价有失公允。因此，科技档案管理工作不能片面地强调"管"，也要考虑到"利用"，统筹两方面工作的重要价值，协调发展，摒弃传统的重"管"思想，提升站位高度，将科技行业发展的新理念、新思想融入科技档案管理之中，争取在全单位各部门都展开《中华人民共和国档案法》及相关法律法规的学习，鼓励单位职工有意识地强化档案管理工作思想认识，以主动服务的热情投入科技档案管理之中。

（二）整合档案资源配置

经过长期努力，中国特色社会主义进入了新时代。新形势下，企事业单位的经济发展形态和社会价值体现也有了更为丰富的内涵，此时档案资源管理工作应该怎样开展呢？

在科技行业多元化发展的背景下，各种新兴科技企业纷纷入市，科技档案类目增加，档案资源配置多样，科技档案管理工作不再只是管理档案，国家经济发展赋予了科技档案管理工作更多的任务和更高的目标。因此，我们要顺应时代发展需求，深挖科技档案资源的利用价值，依法依规开展科技档案资源服务工作，积极拓展科技档案服务范围，把被动地保管科技档案资源转变为主动地收集科技档案资源，在规定允许范围之内，适当延长科技档案保管年限，便于科研项目数据的多年限对比。以科技项目研究为主的企事业单位更应踏实做好科技档案管理工作，不断整合多样化的档案资源配置，积极运用现代化信息技术，通过科学有效的归档方式，打造查询便利、服务精准的科技档案服务工作。

（三）构建安全防护体系

科技档案资料的保密等级较高，尤其是一些科技行业重点项目的研究和创新产品的研发数据，是中国科技发展的宝贵财富，确保科技档案资源安全是科技档案管理工作的重要目标，也是保护科技成果不被窃取的关键手段。在企事业单位科技档案服务逐步走向开放化与共享化的今天，我们如何在保障科技档案安全的前提下，实现科技档案服务价值最大化呢？这就需要相关单位积极构建档案安全防护体系，完善三级档案资源防护管理制度，有权限地开放科技档案资源，引入先进的信息技术及防病毒防黑客系统，从内到外搭建好档案安全防护网。同时，要将档案安全工作纳入绩效考核指标，做到全员参与，整体防护，把可能出现的安全风险扼杀在萌芽之中，不定期地修补安全漏洞，升级安全信息防护系统，全单位上下形成良好的安全防护意识，运用相关法律法规约束档案管理保密制度的执行，协调好"安全"与"共享"之间的关系。

三、科技档案管理工作的改革路径

（一）融入信息技术

科学技术与信息技术的发展是相辅相成的，能在各自发展的道路上彼此成就，将信息技术融入科技档案管理工作完全契合当代科技发展的大趋势，能够为科技企事业单位的发展增添助力。随着经济全球化发展，中国企业面临更大的竞争压力，科技企要想抢占市场份额，提升核心竞争力，就要优化科技产品结构，通过研发不同层次的科技产品来满足不同人群的需求。在此背景下，我们科技档案管理工作人员更要立足岗位实际，在日常的档案管理工作之中提升信息技术运用频率，借助科技档案管理信息系统的优势，完善科技档案分类与汇总。同时，科技企业也要善于从科技档案中寻找机会，充分运用科技档案信息管理系统，按照系统内的权限要求，实名制注册个人信息，查询所需科技档案资源，实现科技档案管理信息化。

（二）丰富服务形式

科技档案管理工作涉及档案的整理、分类、汇总、分析以及服务等，其中，档案管理服务也是科技档案利用的核心。以往的科技档案服务忽略了科技档案信息资源开发的重要性。近年来，各个行业科技档案可公开的内容越来越多，科技档案服务的形式也发生了很大的变化，不再只是单纯的档案查找和复印，科技产品档案咨询、科技成果转化进程推进、科技产品质量报告查询等服务内容都已经纳入了科技档案资源服务之中。蕴含着大量资源的科技档案从默默无闻的幕后"走"到上了台前，为更多的科技档案信息需求人员提供丰富的档案资源数据，帮助科技企业解决生产中遇到的困境，指引着科技产品研发的新方向。

（三）培养专业人才

科技档案信息资源管理工作人员需要具备较丰富的专业知识储备与较高的综合素质水平，这将对科技档案创新管理产生重要影响。如果科技档案管理人员的整体素质较低，将会使档案资源信息的使用效率大大降低。随着科技档案信息管理水平的逐渐提高，相应科技档案管理人员综合素质也需要不断提高。科技档案管理人员需要全面掌握科技档案管理专业知识与相关法律规范，合理利用科学技术，促进信息化管理水平的提高。

（四）科学收集和归档

档案的收集和归档环节相对容易出现问题。面对"四面八方"报送的材料，档案管理人员要保持耐心、细心，将档案进行区分，检查材料是否有缺失。同时，利用现代电子信息技术，将纸质材料转化为电子材料进行存档，通过数据传输功能上传备案，避免因资料丢失而造成经济损失。为防止档案信息泄露，需要在档案归档、收集过程中做好档案的保密分级工作。总之，在档案保存的过程中，要依照档案的保密等级、档案的信息内容、档案的分类进行科学归档，确保档案管理的科学性、便捷性、规范化。

第五章　档案信息资源开发

第一节　档案信息

一、档案信息的含义

所谓档案信息，广义上，是指来源于档案的能消除人们不确定性的，反映已经发生的各种事物运动状态、方式及其规律的征象或知识。它包含三层内容：其一，档案载体信息（包括制成材料、规格等）；其二，档案内容信息；其三，档案目录、索引、指南、论述、述评等档案再生信息。狭义上，档案信息是指依托于载体但又不包括载体的知识内容。档案信息属于文献信息的范畴。

二、档案信息的基本特征

档案信息属于文献信息，具有文献信息乃至信息共同的特征。

（一）对载体的依附性

档案信息不能单独存在于某种物质外壳之外，必须依附一定的载体。语言、文字、图像、符号、电子信号等是档案信息的第一载体，而存储第一载体的物质，包括磁带、纸张、胶片、计算机存储器等则是档案信息的第二载体。档案信息本身是看不见的，它只能附着在载体上，与载体分离的档案信息是不存在的。

（二）可累积性（可扩充性）

随着时间的推移，档案信息将随档案数量的增加而不断得到扩充。由于人们的各种活动总是不断进行的，因此形成的档案信息也在不断增加和积累。

（三）可识别性

信息可通过感官直接识别，也可通过各种探测工具间接识别，不同的信息源有不同的识别方式。例如，人们用肉眼看到春草发芽、柳树吐絮，就获知大地回春的信息；用鼻子闻到某种气味也可获知某种信息。档案信息一般不能通过鼻、舌等来识别，但能通过眼、大脑或其他工具来识别。

（四）可转换性和可塑性

信息可以压缩、扩充和叠加。同时，它可以从一种形态转换为另一种形态，具有可变换性。

（五）可存储性

人脑存储信息叫作记忆，计算机用内存储器和外存储器来存储信息。档案信息非常广泛，有时暂时不使用，可以存储起来。

（六）可传递性

任何信息只要通过一定的传递通道，就能传递给信息接收者，档案信息也不例外。信息的传递与载体有关。近半个世纪以来，由于电子技术的发展，信息的传递速度日益提高。由于信息可以瞬时地、大量地传输，现代社会对变化作出反应的时间已大大缩短。同时，由于信息的交换比物质的交换更容易、方便，因此也就更难遏制，反映在国际政治、经济、军事、文化等活动中，有所谓"信息无国界"之说，即信息跨国界的流动很难阻挡。

（七）共享性

信息可被无穷多个使用者免费（或只付很少费用）共享。换句话说，信息的生产成本不取决于使用的规模。信息的这一性质与物质商品是不同的。在物质商品的交换中，卖方失去商品，获得与商品价值相等的等价物，买方则获得商品，双方的交换是对称的。而在信息的交换中，卖方并不失去信息，如果交换双方没有设定限制，卖方仍然可以使用这一信息，仍然可以与其他买方进行交换。因此，交换是不对称的。信息的共享性使信息资源易于扩散，并使信息资源得到更广泛的开发利用，同时也容易带来一些消极影响，如信息的失真和滥用。

第二节　档案信息资源

以档案信息为核心的信息资源，具有原始记录性的显著特点。其内容较为丰富，在社会信息资源结构中具有不可替代的地位。对其进行充分开发和利用，可以发挥节约资源、能源，提高效益的作用。

一、档案信息资源的内涵

档案信息资源主要包括两方面：一方面是一个国家或社会对档案事业发展和档案工作开展所提供的各种保障条件，此方面包括政策（法律）资源、教育资源、人才（技术）资源、财力资源、物力（设施、设备、物资）资源等；另一方面是指由档案事业发展和档案工作开展而对社会产生的作用和影响，即档案产出或效益资源。两个方面互为因果，相互影响、相互作用，共同影响一个国家或社会档案事业的发展和档案工作的开展，并最终影响档案信息资源建设及其社会作用的发挥。

二、档案信息资源的主要威胁

（一）真实性受损

当前的档案信息主要存储在云端，数字被托管到第三方，因此可能存在由于操作不当而使档案信息被篡改、窃取等风险。同时，信息被修改、删除之后，很难发现任何踪迹，这在一定程度上影响了档案信息的真实性。

（二）完整性受损

档案信息的存储介质有很多种，存储的格式也非常多，同一电子文件可能涉及文字、视频、图像、音频等内容。这些档案信息会被存储在不同的载体或者是相同的载体之内。当把这些档案信息存储到云端时，由于存储格式发生变化，可能会出现部分档案信息丢失的现象。

（三）可用性受损

档案信息资源被存储到云端之后，可能受一些因素的影响，出现数据不可用的问题，云存储服务系统的操作系统及应用程序也会出现无法使用文件信息转换功能的问题，从而使档案信息不可用。

（四）安全性受损

由于使用了计算机系统以及设备，档案信息资源可能受到病毒、木马、黑客等的攻击，这些都会影响数据的安全性。另外，由于多用户共享环境以及虚拟化技术的影响，档案信息服务可能中断，出现数据破损、丢失以及被篡改等不良行为。

（五）不利于知识产权保护

在云端的档案信息的所有权与控制权都掌握在云存储服务商手中。该档案信息资源很有可能被保存到异地或者海外的一些数据中心，这些数据与其他数据资源共同存储。用户很难发现自己的信息安全受到了威胁，从而导致不能够很好地保护自身的合法权益。

第三节　档案信息资源开发的意义和方法

档案主要有两大功能，一是真实地记录历史，二是服务经济社会发展。长期以来，人们对档案信息资源重收藏轻利用，致使一些有价值的档案信息资源"藏在深闺无人识"，即便是进入互联网时代，档案信息资源也没有实现互联共享，没有发挥出应有的优势，这影响到档案事业的进一步发展。因此，加强对档案信息资源的开发利用，使档案更好地服务经济社会发展，显得十分重要与迫切。

一、档案信息资源开发的意义

（一）服务经济社会发展

档案记录的是最原始、最真实的事迹，数量庞大、门类齐全，涉及各行各业，以及社会的方方面面，是国家信息资源的重要组成部分，具有不可估量的开发利用价值。随着知识经济时代、互联网时代的到来，信息利用能力成为国家实力的一个重要指标。把收藏完整的各类档案信息资源有效利用起来，对于经济社会的发展、科技文化的进步，无疑会起到巨大的推动作用。

（二）促进档案事业发展

档案事业要想获得发展，必须实现档案信息资源开发利用的最大化。在当今这个互联互通的开放型社会里，档案信息资源绝对不能储存在一个相对封闭的空间。只有把它很好地开发利用起来，档案信息资源才会创造出经济和社会效益，才能发挥其应有的价值，档案管理和档案事业发展才会进入一个良性循环。总而言之，档案的开发利用是档案实现自身价值的重要途径，是推进档案事业可持续发展的重要支撑。

二、档案信息资源开发的方法

（一）强化基础业务建设

一抓馆库建设。现代档案馆要设计科学、功能齐全、具有先进文化的标志性特征，具有文化品位、有民族特色、有现代气息，能充分发挥档案馆各项功能。二抓业务建设。进一步推进档案资源建设，为档案服务打下坚实的基础，这是一项事关档案事业兴旺发达的基础性工程。只有不断加强对档案基础业务建设重要性和紧迫性的认识，不断丰富馆藏，优化结构，才能更好地为党和政府的中心工作服务，为人民群众服务。

（二）积极开发档案信息资源

一是丰富馆藏。认真分析本地区档案资源情况，全面掌握档案资源信息，大力拓展档案征、收集渠道，建立征、收集网络。二是优化馆藏。开发档案信息资源必须优化馆藏，保证进馆档案质量，并在最低限度馆藏量的情况下保存最大限度必要的信息量，充分发挥档案的效益和作用。三是搞好编研。通过编研工作，把馆藏档案中具有地方特色、利用价值大的档案资料按专题集中编排起来，装订成册，供领导和有关部门参考利用。

（三）强化档案收集、整理、保管等基础工作，确保档案信息资源开发与利用的效果

实践证明，做好档案的收集、整理、保管等基础工作，提高科学管理水平，是开发利用档案信息资源的重要条件。要做好档案的基础工作，重点要强化收集，丰富馆藏，优化馆藏档案结构。

首先，要建立规范的收集工作制度。档案部门要深入各职能部门，对各单位的重要文件材料进行深入了解，对收集和归档范围做出及时调整。其次，要注意开辟新来源，分门别类地开展收集工作，使档案信息资源有质的飞跃，使优化馆藏和开发利用更稳固地进行。要做好档案的基础工作，除强化收集、丰富馆藏、优化馆藏档案结构外，还应注意完善档案的管理体系，使档案管理趋于标准化、规范化；创新服务方式，使服务形式多样化，以进一步提高档案信息资源开发利用效果。

（四）积极制作档案文献纪录片

当下很多媒体与档案部门联合制作了一些关于档案解密、品读档案等栏目和纪录片，引起了社会各界的普遍好评。档案作为历史凭证，是文献纪录片最好的素材，深受媒体界的关注和广大人民群众的欢迎。档案部门要适时抓住这一时机，加强与各类媒体的合作，为观众打造一批优秀的、喜闻乐见的、通俗易懂的影视栏目。

（五）以有效服务方式提高档案利用效率

一是超前服务。经常研究档案利用规律，掌握"市场"情况，对每一时期党和政府的中心工作做到心中有数。二是上门服务。主动上门为某些工作、某些活动或工程项目的开展提供历史借鉴，充分发挥档案为当前工作服务的作用，改进和完善利用工作。三是定点服务。充分了解服务对象，定点对那些信息需求量大、需要频率高的单位建立联系网，以便根据需要及时、准确地把馆藏信息开发出来，这样就可以使档案的潜在价值更快、更直接地发挥出来，从而使档案与档案工作真正走向社会。

（六）走现代化档案管理之路

一是增强档案馆的社会服务功能。档案馆要建立服务体系，优化档案信息资源配置。改善服务环境，加强网络设施建设。完善服务手段，建立高效、规范的社会服务体系。二是建立档案信息服务中心。借助现代信息技术，建立档案信息服务中心，使公众足不出户就可以获取大量的信息。三是建立档案信息网络，实现信息共享。档案信息网络能快速、有效地提供各种层次和各种需求的信息服务，促进档案馆信息服务的社会化。

第六章　档案信息化管理的
创新模式

第一节　文件档案的一体化管理

文件档案一体化管理的形成与发展由来已久，载体形式变化和技术发展促使文件档案一体化管理不断深入。文件档案一体化除了是对文件、档案管理进行有机协调和整合，也强调文件、档案管理工作共同形成相对独立于业务工作，但与之有机结合的工作线。

一、文件档案一体化管理的含义

文件档案一体化管理是指以文件生命周期理论为指导，借助计算机及网络技术，从系统论的角度出发，对文书工作和档案工作进行统筹规划和科学管理，使之实现系统化和规范化，从而发挥各自以及总体的最大效能，确保从机关现行文件直至馆藏档案管理的高效和优化。

（1）文件档案一体化管理的目标是实现从文件到馆藏档案过程的全面控制和科学化管理。有人将"归档"看作文件工作和档案工作的界限，所以片面地将"一体化"理解为"机关文书处理与档案馆工作的结合"。科学的"文件档案一体化管理"以文件生命周期为理论依据，要求从文件至档案的全过程都能得到有效控制和科学化管理。

（2）文件档案一体化管理的具体内容包含文件档案生成一体化、管理一体化和利用一体化。文件档案生成一体化指在文件最初生成阶段，就预先树立档案管理意识，保证生成的文件符合档案管理的功能需求；文件档案管理一体化指对文件和档案流程实施统筹规划和综合管理；文件档案利用一体化指对文件和档案的利用进行合理协调，在文件阶段就可以履行为社会服务的义务，使文件和档案能较早地、最大限度地发挥作用。

二、实行文件档案一体化管理的原则

文件档案一体化管理基于计算机网络系统，涉及管理技术、流程、体制、原则、方法等层面，每个层面之间相辅相成，相互关联，相互作用。因此，必须从本单位实际出发，协调相关部门，共同采取科学的管理原则，推进一体化建设进程。

（一）集成管理原则

文件和档案管理是前后衔接、互相影响、不可分割的两个部分。过去在系统设计时，把文件管理系统和档案管理系统设计为两个独立的应用系统，分别完成公文处理和档案管理业务。实行文件档案一体化管理就是要将这两个业务系统通过总体设计整合到一起，成为一体化的完整闭环系统，同时要将电子文件的捕获、鉴定与归档、检索与存储、保管和利用等全过程集成为一体，将文字、图形、图像、影像、声音等各种信息形式组合集成在一起，达到图、文、声、像并茂的效果，更加真实地再现当时的活动情况，从而强化文件对业务活动的记忆和再现功能。

（二）全程管理原则

全程管理是指对电子文件从产生到最终销毁或永久保存进行全过程的监控和管理。电子文件从产生到最终销毁或永久保存是一个完整的运动过程，涉及电子文件的形成、管理规则、管理方法及质量要求，而且，各个运动阶段之间的界限不再像纸质文件那样容易区分。这就要求对电子文件生成、流转、利用、保管等每一环节的实施过程进行实时监控，及时发现和纠正失误，不断调整管理策略，确保电子文件的完整性、真实性、可靠性、安全性和可读性。

（三）前端控制原则

前端控制是指档案工作者必须在电子文件形成之时甚至生成之前，即在电子文件管理系统设计时就积极介入其中，把电子文件（包括电子文件归档）的管理要求融入系统功能设计中。前端控制包括统一编码体系、统一文件形成要求（如文件描述信息的记载）、统一数据存储结构、统一文件格式、统一访问控制机制、统一文件查询利用规则等。前端控制原则是确保电子公文、档案完整安全、真实可靠、长期可读的有效政策，是实现电子文件全程管理的重要保障。

（四）动态管理原则

由于电子公文、档案本身具有很多"动态"因素，因此电子文件管理处于变化之中。例如，在电子公文生成过程中，其版本、状态、数量都在动态变化；电子公文与载体可以相互分离；电子公文载体性能不稳定；信息化的发展带来新的信息编码方式、新的存储格式和新的系统软件等。因此，要实现前端控制和全程管理，就必须实行动态管理。

（五）安全保密原则

由于一些电子公文、档案涉及国家秘密和敏感信息，为了确保安全，国家保密局针对信息安全保密管理提出了分类管理、分级防护原则，涉密范围最小化原则，综合防范、全过程监管原则。

实行文件档案一体化管理必须认真贯彻执行安全保密原则，根据电子公文、档案的重要程度划分安全保密等级，并采用相应的安全防范技术和手段，确保办公局域网和档案信息的安全。

三、文件档案一体化管理方式

所谓文件档案一体化管理方式，是指为了促进文件档案一体化的管理，而对现有文件、档案管理进行改善的层面及其内容。文件档案一体化管理手段是管理资源的整合与再创造，完整的文件档案一体化管理应该包括不同层面的"一体化改造"。

（一）管理流程一体化

这里所说的管理流程指文件从形成、流转到归档为档案、永久保存或销毁并伴随着鉴定和著录（元数据实时捕获）的全过程，管理流程一体化则是上述管理环节的协调化、一致化，强调环节的衔接和文档价值的维护。

1. "双轨制"与"双套制"

中国文档管理正采用纸质与电子形式并存的"双轨制"及"双套制"管理方式，在未来发展中，电子文件与纸质文件管理共存的二元格局将趋向纸质文件管理功能的弱化和电子文件管理功能的强化，这涉及同一载体形式和跨载体形式下的两种一体化。

"双轨制"是纸质文档与电子文档各自形成、各自流转，最后"双套"归档保管的管理模式。但据笔者了解，在实际工作中，一些机构中实行的"双轨制"并非理想的完整"双轨"，纸质与电子文档在实际中并非都经过形成、流转、归档的完整流程，常常存在打印纸质文档作为副本，或将纸质文档扫描成电子版的情况，纸质文档可能因此失去具有记录性的修改、签发痕迹，而电子文档又容易缺失部分元数据，最后的"双套保管"可能都各自缺乏理应具备的原始要素。在不同阶段跨载体转递文档会割裂原本完整的管理流程，使文件转化为档案时缺乏必要元素，破坏应有的一致性，达不到"双套"保管的初衷，也无法保证其可用性。因此，在跨载体传递文档这一特殊阶段的客观现实中，应逐步改善管理流程，实现跨载体形式下文档管理的一体化，并在逐步全电子的过程中保障管理流程的平稳过渡。

2. "前半段"与"后半段"

调查显示，当前中国的文件档案一体化管理在机构内部这一"前半段"已有较好成效。但文件档案一体化管理不应局限于机关内，还应往后延伸至档案馆阶段，实现"馆、室结合"。

目前，档案馆对档案的接收管理处于较为被动的地位。由于档案馆在实际工作中难以切实、灵活地控制文件形成和归档，然而档案移交档案馆后的管理实际应是"前半段"管理流程的延续，因此完整管理流程的协调应将"后半段"纳入考虑。例如，在数字化条件下，档案室可以预移交目录及相关信息，档案馆设定移交时间、交接人员与拟接收目录，实行"填空式"移交，同时将相应的档案室阶段的管理元数据一同移交档案馆，并考虑将移交进馆鉴定与档案室档案管理元数据相结合，通过允许档案馆定期查看档案室管理元数据记录，赋予档案馆"前端控制"的权限。总而言之，"前半段"与"后半段"的顺利衔接与流程优化是文件档案管理流程一体化的重要内容。

（二）标准功能一体化

标准功能一体化包括对相关标准和指南进行统一规定和设计，并强调标准的规范对象应兼有文件与档案。

1.文件管理与档案管理标准一体化

要对文件、档案实行一体化管理，保证档案长期存储，在同一规范或标准中，为文档管理相关部门提供完整统一的文档管理规定是必要的。针对电子公文及其归档，刘家真教授曾对中国现有的电子公文信息管理与文件归档管理法规进行过调查与总结，发现已有的大部分电子公文管理法规和标准都将电子公文归档管理从电子公文管理中分离出来，已有的电子档案管理也没有基于文件档案一体化来考虑电子公文的归档管理。例如，在国家标准《CAD 电子文件光盘存储、归档与档案管理要求　第一部分：电子文件归档与档案管理》（GB/T 17678.1—1999）和《电子文件归档与电子档案管理规范》（GB/T 18894—2016）中，都将文件形成过程与归档管理割裂，侧重从归档环节开始管理，缺乏文件形成过程中重要因素积累的具体要求，因此整合文件、档案管理的相关标准是文件档案一体化的重要内容之一。

2.文档管理信息系统平台与功能设计一体化

文件、档案运转环境的一体化管理，要求办公自动化系统、电子文件管理系统、档案管理系统及数字档案馆等平台间具备兼容性、互通性，功能易于衔接。档案馆信息化建设工程庞大，需求相对较不迫切，因此明显滞后于文档形成机构的信息化建设，数字档案馆建设因而要适应"前端"建设情况，依据已有的档案格式特点和种类属性来完善自身的保管功能。针对电子文件，国际档案理事会颁布了通用性较强的《电子办公环境中文件管理原则与功能要求》，中国的相关标准则有《电子文件管理系统通用功能要求》（GB/T 29194—2012）；针对档案，中国则有《数字档案馆建设指南》。上述标准和指南应逐步完善，建成系统、协调的文件档案一体化管理规范与标准体系，其系统功能应具备一定的映射性和衔接性，在需要向其他系统传递文档的关键环节以及对元数据有调用和增加的环节，都应该保持规范条件的具体化和一致性。

（三）政策模式一体化

政策模式一体化是宏观层面的管理手段，强调消除当前存在的内在矛盾，维持文档管理的连续性、一致性和整体性。

1.协调文档管理主体关系

中国当前的文档管理主体大致由三个机构组成，包括机构业务部门和行政部门、机构下属的档案管理部门、档案局（馆），协调主体机构间的关系是监督、管理权责的增减分配和主体职能的协调。文件档案一体化管理所涉及的主体机构归属不同管理部门，而"档案"概念定位于经过"归档"程序后"非现行文件的"的范畴，因此档案部门对文件管理的控制是间接的，并且也没有法律法规授权档案行政管理部门对文件形成、文书处理等工作进行监督、指导。所以，要进一步明确各主体的职责与权限范围。档案室作为当前连接文件形成机构和档案馆的中间主体，理应发挥兼管文件与档案的关键作用，但在实际工作中往往由于其是机构综合办公部门的下属部门，在与业务部门沟通时缺乏平等协商的"话语权"，同时档案室在接受机构内的上级行政部门管理的同时，也接受同级档案行政管理部门的监督、指导，其业务开展相对被动，因此应赋予档案室更明确的监督、管理、协调职能。档案部门也要树立与业务部门平等合作的理念，强调与文件形成部门共同协商，完善文档管理。

2.优化文件档案一体化管理模式

不少学者通过研究电子文件中心，以求探寻优化文件档案一体化的管理模式，如赵屹提出将电子文件中心建设为文件档案一体化的管理机构，为电子公文的交换、过程监控、背景信息收集和保存提供环境，兼具电子公文交换中心、电子文件保存中心、电子文件利用中心的综合职能。而刘越男通过回溯有关电子文件中心的研究，发现中国电子文件中心问题的实质，"是数字时代地方政府对档案集中管理内容和方式的积极的、务实的探索"，可见，电子文件中心对于文件档案的集中、一体化管理有其优势。在文件档案一体化管理模式优化的探索中，电子文件中心功能的完善与职能探讨不失为一种积极、有益的尝试。

当前正是缺乏可以对文件、档案流转、归档、保存实行统一内化管理的组织机构或公共环境，也缺乏"名正言顺"被赋予这样的职能从而可以进行统一监管的"主体"，这一"主体"可以是档案局（馆）主导下的组织，也可以是档案局（馆）主导操作的一个信息系统群，这对于宏观的文件档案一体化管理模式优化具有重要意义。

3.保障文档管理政策法规一致

文件档案一体化管理要求消除政策法规的内在矛盾，强调相关政策法规的一致性、延续性和协调性。例如，《中华人民共和国档案法》与《中华人民共和国政府信息公开条例》对文件与档案开放利用规定的不协调影响了文档利用的延续性，存在公开文件在现行期的开放性和档案阶段封存 30 年后再开放的矛盾，文档的开放性本具有不可逆转的延续性，而在实际中则因文档开放的分割而被破坏。可见，消除文档管理政策法规中的矛盾对文件档案一体化管理而言是重要的保障性管理手段。

第二节　推动馆藏档案的数字化应用

馆藏档案数字化是数字档案馆资源建设的基础工作，做好档案数字化工作可以有效保护档案原件，提高档案管理水平，更好地服务于经济社会发展；更是档案事业适应时代发展和社会进步的必然选择，加速档案管理现代化的客观要求。然而，各级综合档案馆馆藏档案往往类型多、历史年限跨度大；由于历史原因，档案破损较多，特殊情况也比较多；无形中档案数字化的工程量加大、环节增多、周期延长、实施起来非常复杂。如何在有限的条件下保质保量尽快完成工作目标，成为当前档案界研究的重要课题。

一、档案数字化的优势

首先，可以节省档案管理成本。传统的档案管理，完全靠人们的手工劳动来实现档案的存储、保管和查询。数字化管理档案改变了档案的载体，即把纸质的需人工阅读的档案变成了计算机阅读档案。这不仅节省了保管费用和占用空间，而且查找起来也非常方便，避免了因反复打印文件资料而造成的纸张的浪费，减少了人工劳动。

其次，可以有效实现对档案原件的保护。将原始的纸质档案转化为电子档案后，其使用更加安全。特别是年代比较久远的珍贵档案，由于属于不可再生资源，进行数字化处理是更好的保护，减少了对档案原件反复查询过程中的损坏。

再次，可以提高办公效率。把传统的档案文件资料转化为可存储的文件信息，能够做到及时归档，并尽快提供利用。通过档案管理软件就可以实现文件信息的同步上传，完成电子文件的归档，经过管理员授权后，在管理网络的任何一个终端都可以进行同步的阅读。这样就会大大节省查找文件资料的时间，提高办公效率。

最后，可以防止档案资料被篡改。与纸质档案不同，电子档案以 PDF（便携式文档格式）、JPEG（联合图像专家组）、TIFF（标签图像文件格式）等文件格式存在，具有不可修改的优点，能有效防止档案资料被篡改，更加有效地保证了档案的真实性。

二、档案数字化建设要求

既然档案经过数字化处理后有这么多的好处和便捷，就应该投入更多的人力和物力，做好馆藏档案的数字化处理工作，变纸质档案为电子档案，提升档案的管理水平。在档案数字化处理过程中，建立科学化的工作流程是非常必要的。

首先，要确定馆藏档案数字化整理进程，建立目录数据库。因为档案馆馆藏档案数量庞大，门类较多，不可能在短期内将所有的档案进行数字化处理，而且也没有必要把所有的档案都进行扫描处理。档案馆应根据自己的实际工作需要，确定一个合理的工作进程。利用档案管理系统和计算机网络，将每份文件进行目录录入。在档案目录的录入过程中，第一，要熟练掌握档案管理软件的操作方法，充分利用软件中的辅助组卷、批量修改、批量删除等功能，使档案目录的录入工作更好更快地进行。第二，档案管理工作者要做到细心、耐心、不急不躁，在充分尊重原有档案真实性和完整性的基础上，对现有档案中归类不清、收集不完整的档案进行改进和补充。

其次，要进行案卷整理、分类和批量扫描。目录建立以后，要对馆藏档案进行扫描，应用的设备为高速文本扫描仪和照片扫描仪。扫描的原则要根据档案的保管期限和利用率而定，需要永久或长期保存的档案优先扫描，短期文件可不进行扫描；平时查找利用率较高的档案优先扫描，利用率不高的档案可不进行扫描；扫描过程中如果发现立卷不规范的文件，则应先进行适当调整之后再进行扫描。出于保密工作的需要，涉密的文件不能进行扫描。档案扫描过程中要注意对档案原件的保护，避免损坏和遗失。为了避免被篡改，扫描的格式应该是 PDF，图像为 TIFF 或 JPEG 格式，扫描的分辨率一般不低于 200 dpi。

再次，核对扫描文件内容并上传。扫描结束以后，要将扫描所得的内容与原有档案进行校对，核对无误后将文件上传。具体工作步骤是将文件扫描之后，保存在电脑特定的文件夹之中，并命名。为了便于查找和上传，文件命名的原则是尽量以原文件的名字命名。把这些电子文件上传到档案管理系统之中。上传过程中要保证准确性，将文件在系统中打开，与目录进行核对。上传时如发现批量扫描时漏掉的或画面不清楚的要重新扫描。

最后，进行案卷复原装订。将经过上述处理完成的档案，按原样复原装订，装盒后重新入库上架保存。档案作为一种历史资料，其史学价值不言而喻，本着对历史、对未来负责的态度，必须保持原有档案的真实性和完整性，不允许有任何遗漏和改动。

三、馆藏档案数字化的实现方式

（一）扫描技术

《档案学概论》一书中对档案数字化管理工作是这样描述的，"利用数据库技术、数据压缩技术、高速扫描技术等技术手段，将纸质文件、声像文件等传统介质文件和已归档保存的电子档案系统组织成具有有序结构的档案信息库"。也就是把各种载体的档案资源转化为数字化的档案信息，使其以数字化的形式存储，网络化的形式相互连接，通过计算机系统进行管理，从而形成一个结构有序的档案信息库。而要实现档案资源向档案信息转化，就涉及档案数字化工作。档案数字化主要是通过中高速扫描仪和专用扫描软件将整理好的档案资料转化成图像文件，并自动实现图像压缩存储的过程。

实践证明，在扫描设备一定的情况下，同类档案扫描质量很大程度上取决于扫描方式、扫描色彩模式和分辨率的选择，它们是扫描技术的关键。相关标准《电子文件归档与电子档案管理规范》《纸质档案数字化规范》对一些技术参数及操作过程进行了具体指导。

实际工作中，有些参数选择可能与规范存在差距。例如，进行测绘成果档案数字化工作时，根据实际需要，文本类档案扫描分辨率要求不低于 200 dpi，图形类、影像类档案扫描分辨率选择 300～600 dpi，地形图的扫描分辨率一般为 400 dpi。当地图要素密度较大，扫描栅格图像要素发生粘连时，可提高扫描分辨率。如果原图印刷质量好，要素稀疏，可适当降低扫描分辨率，但不能低于 300 dpi。在不损失和影响要素信息及颜色信息的条件下，可通过调整亮度和对比度值，尽量减少图幅底色，来达到最佳扫描效果；对于大幅面地图可分块扫描，相邻图块拼接处图像重叠部分不小于 10 cm；对于特殊页面的扫描，如粘贴页与表格，粘贴折页可用大幅面扫描仪扫描，或先将分部进行扫描，后拼接；对于部分字体很小、字迹密集的情况，可适当提高扫描分辨率，选择灰度扫描或彩色扫描，采用局部深化技术解决；对于字迹与表格颜色深度不同的，可采用局部淡化技术解决；对于一般文本流程图，可采用适当的分辨率扫描及局部深化技术，确保文本流程图清晰；对于插图，可采用高分辨率灰度或彩色扫描技术将插图与文字一起扫描，以保证原来的页面布局和插图清晰；对于摄影测量与遥感测绘及其他方法测量的档案，如航摄底片扫描时，应注意底片扫描仪参数文件的检查，看相机参数文件设置是否正确。为尽量减少扫描过程中的信息损失，预扫时应在充分尊重航摄底片原始信息的前提下，不断地调整扫描的亮度、色彩饱和度，扫描的影像应反差适中、色调饱满、框标清晰。可见，《纸质档案数字化规范》作为中国档案数字化行业标准，其技术规范中的扫描标准已经低于实际工作中应用的标准。

我们知道，分辨率越高，扫描后的图像就越清晰，但带来的问题是图像文件过大，这样既浪费有限存储空间，也不利于网上传输，影响数字信息资源的共享共用。所以，合适的分辨率选择也是数字化档案应该慎重对待的问题。

（二）存储格式的确定

扫描之后形成的图像文件采用何种格式存储，是需要随着技术发展和设备更新不断进行调整的。在测绘档案数字化程度尚不高，档案数字化技术尚不成熟的情况下，数字化后的格式一般还是采用国家规范中所推荐的 TIFF、JPEG 格式。TIFF 是一种支持多页存储的图像文件格式，它支持多种压缩算法，但 TIFF 本身并不是一种压缩算法。

由于 TIFF 支持多页存储、多种压缩方法，且扩展性强，因此被广泛运用。常见的做法是将每卷档案作为一个图像文件，采用 TIFF 多页存储格式，能将任意多页的黑白二值、灰度、彩色、各种不同幅面图像压缩到一个图像文件中。而 JPEG 是一种单页存储的文件格式，同时又是一种标准的压缩算法。JPEG 格式一般用于压缩、存储单页图片的灰度或彩色图像，它不支持多页存储。充分认识它们的本质特点有助于我们确定图像文件的存储格式。随着技术的发展，一些新的格式显示出强大的发展态势，特别是 JPEG 2000 和 DjVu 格式值得我们关注。

JPEG 2000 作为 JPEG 的升级版，其压缩率比 JPEG 高约 30%，其重要特征在于能实现渐进传输，即先传输图像的轮廓，然后逐步传输数据，让图像由朦胧到清晰。它还支持"感兴趣区域"特性，可以任意指定影像上感兴趣区域的压缩质量，选择指定的部分先解压缩。JPEG 2000 和 JPEG 相比优势明显，且向下兼容，是一种值得关注的档案数字化存储格式。

DjVu 是由美国国际电话电报公司实验室于 1996 年开发成功的一项新的图像压缩技术，具有 1000∶1 的高压缩比。由于采用分层显示，该技术不会等到整幅图片都被解码之后才显示，用户在两三秒之内就能够迅速看到文字，其他的图像信息也会在几秒钟之内陆续显示出来。由于对每一层图像以最佳化的方式进行压缩，因此能产生较好的图像品质及最小的档案。这种技术不论是在静态存储还是网上传输方面都具有相当的优势。

当然，新的标准格式依赖新的技术环境，相信随着图像工具软件的升级、改进，JPEG 2000、DjVu 等格式将成为档案数字化工作中的主流，成为图像存储中的标准。

（三）存储介质的选择

数字档案的存储要以档案安全为基本立足点和出发点，数字档案的长期安全存储是数字档案管理的一个重点。当前，常用的存储介质，如磁盘阵列、磁带、光盘、硬盘等的寿命与传统纸质介质相差很远，且受光照、温度、湿度、磁场等因素的影响较大，所以制订科学合理的存储方案是保护数字化成果、推动档案数字化事业发展的保证。

因为数据是依托载体而获得生命的，所以选择载体时应优先考虑载体的可靠性。这里将几种存储介质的性能进行对比，以供使用者参考。

（1）磁盘阵列具有数据安全、存储数据量大、数据读取速度快、空间利用率高等优点，可作为在线存储，用来存储利用率高的数字化档案、空间数据库等。

（2）硬盘存储数据量大，数据读取速度快，价格低廉，可用作近线存储，但其保存期限短，不宜作长期保存介质，需要定期检查、定期更换介质备份。

（3）光盘存储数据量略小，不宜查找，但其介质稳定、存储时间长、体积小，可作为近线和离线存储。光盘主要考虑档案级光盘、蓝光光盘。

（4）磁带存储技术是一种安全、可靠、易使用和相对投资较小的备份方式，是数字化档案备份存储的一个重要选择。自动加载磁带机设备可以在相对比较短的时间内备份大容量的数据，并可简单地对原有系统进行恢复。它是备份大量后台非实时处理的数据的不错存储方案。磁带库则可作为离线存储，该存储方式可用于存储利用率不高的数字化档案。

目前，对于诸多的存储介质使用寿命的预测，相信还只是一个理论数据，其保管条件与保护措施等还有待实践的检验和总结。为了保证档案数据的安全，应采用一些具有针对性的措施：一是增加档案数据备份的套数；二是缩短存储介质质量检测周期，适当提高抽查的比例；三是努力做好档案的异质异地备份及数据迁移工作。而这些带来的直接影响是人力物力的大量耗费，因此说数字档案的长期安全存储仍是当今数字档案管理的一个重点、难点，有待进一步研究、发展。

（四）数字档案与实体档案的关联

实体档案数字化成果的表现形式是档案数据，档案数据的存在形式是图像文件。经数字化转换而生成的文件是原文件的数字化副本。由此可见，图像文件是档案实体的数字化副本，既然是正、副本关系，其本质是一致的。那么，当将每一份实体档案文件扫描所得到的图像存储为图像文件时，图像文件的命名就可以利用该档案实体的档号进行标识，即图像文件的名称与该份文件的档号相同，多页文件采用该档号建立相应文件夹，将扫描的图像数据放入文件夹，图像文件的页数与该份文件的页数一致。

《纸质档案数字化规范》中强调每份图像文件与档案目录数据库中该份文

件档号的一致性和唯一性，就是因为只有建立起一一对应关系，才能实现档案目录数据库与图像文件的批量挂接。在系列比例尺地形图扫描实践中，应将扫描数据与实体档案对应一致进行组卷，一个实体案卷对应数字档案的一个文件夹，并用该案卷档号命名文件夹，使一致性得到保证。

四、馆藏档案数字化实践中应注意的关键环节

（一）争取到企业主要领导的支持和认可

尽一切可能向主要领导宣传数字档案馆建设，争取到公司主要领导的支持和认可，使其将档案信息化建设纳入企业信息化建设的整体规划中，总体规划、分步实施，确保投资力度，促使档案工作从幕后"走"到前台。

（二）做好前期调研工作

在对馆藏档案进行全面数字化工作之前，要做好馆藏档案摸底工作，对现存档案的数量、分类、案卷质量、档案利用情况等进行详细的了解。根据档案的内容、价值、利用频率等因素初步确定档案数字化加工的范围。例如，某研究小组针对摸底情况，选择某公司一期数字档案馆建设单位进行考察调研，就档案的著录、扫描技术参数和标准、文件存储格式、数字化范围鉴定、数字化流程、扫描仪设备的选用、需要注意的问题等方面进行学习交流，以获得经验，吸取教训，少走弯路。

（三）制订实施方案，明确档案数字化流程

在馆藏档案数字化建设方面总体分两步走：首先实现馆藏目录数字化，编制电子目录检索工具，实现目录级数字化管理与检索利用；然后根据馆藏基础分析用户需求，有步骤、有计划地实现档案全文数字化。在企业档案数字化工

作中，建立统一规范的标准体系是档案数字化建设高质量开展的基础。应规范数字化工作流程，根据企业档案馆档案管理工作的特点，制定相关细则，使数字化工作有条不紊地开展。

（四）做好档案鉴定，突出重点

企业在馆藏档案数字化实践全过程中，都需要开展鉴定工作。在数字化加工之前，切忌盲目推进，应先对馆藏档案的价值特点进行分析，兼顾利用需求，筛选制定"珍贵、重要、常用、急用档案数字化范围"，有选择、有计划地进行数字化工作。数字化加工之后，还要对档案内容的完整性、有效性和真实性进行鉴定，确保档案可读未被篡改。

（五）做好数字化加工前的档案整理工作

数字化加工前的档案整理工作会直接影响后续工作的质量和效率。在数字化加工前，需要核实档号是否统一规范，分类是否科学合理，卷内目录与卷内文件内容是否一致，对破损、脆化、粘连严重的档案要进行修复、加固，使档案符合数字化的要求。

（六）馆藏档案数字化过程中应注意问题

1.档案扫描

扫描是生成电子档案数据的主要环节，其准确度直接决定着全文数据库的质量，影响后期档案利用服务的效果。在扫描时需要根据档案情况，选择最佳的扫描参数和相应规格的扫描设备。值得一提的是，人们在数字化加工实践过程中发现，对于 A3 幅面以下的档案资料的扫描，高拍（扫）仪因速度快、扫描平整美观、环保等特点成为最佳选择。扫描后的数据还需要与原件进行校对识别，确保电子档案数据的清晰、准确、完整。

2.条目著录

档案目录数据库建设是数字档案馆建设的前提和基础,档案的检索、利用、统计都依赖于档案著录质量。在著录环节,要严格按照档案部门编制的档案管理制度中有关编目的要求,规范案卷题名、文件名、责任者、档号、页号、页数、成文时间等,确保后序图文的顺利挂接。

3.数据挂接

要认真校验图文数据与目录数据是否一致,使目录数据与图文数据一一对应。

4.质量检查

在完成档案扫描、著录、挂接工作后,还需要对图文数据、目录数据进行校对检查。核对著录项目是否完整,著录内容是否准确,不合格的数据要进行修改或重录。还要对图像数据进行纠偏、去污、裁边、图像拼接处理。不符合图像质量要求、图像文件不完整或无法清晰识别时,应重新进行图像处理或扫描。文件漏扫的,应及时补扫并挂接正确图文。

(七)保证数字化档案的安全

安全是档案数字化建设中不可忽视的一个方面。除了由于数字化设备的影响产生的档案保存、传输、利用等安全性风险,档案信息对安全保密还有严格的要求,尤其是在军工企业中,有相当一部分档案信息是需要控制使用的,所以在档案数字化建设中必须采取一系列措施保证档案信息的安全和保密。企业馆藏档案数字化工作量巨大,但是只要确定适宜的目标,树立起"马上就办、真抓实干"的精神,撸起袖子加油干,实现全部馆藏档案数字化指日可待。

第三节　推动档案资源的
社会化利用

一、档案社会化的内涵

社会化在传统意义上属于社会心理学、社会学、人类学、政治学和教育学等学科的专用语，用来表示人类学习、继承和适应各种社会规范、传统、意识形态等社会文化元素的过程。随着人类正式步入信息化时代，社会化概念进入传播学领域，与媒体相结合，形成社会化媒体。社会化媒体意指"一种给予用户极大参与空间的新型在线媒体"。社会化媒体具有参与性、开放性、社交性、社区性、连接性等基本特征，被誉为生产关系再生产的场所。

如今，社会化媒体已经深刻影响甚至接管了人们的日常活动，它不仅在个体的社会化进程中发挥重要作用，也深刻影响社会变迁、公众参与和政治变革。在这种情况下，"社会化"的概念已经有了较大扩展，已经不单单体现为社会个体的社会化过程，同时还体现为社会整体的结构性转向，因为它创设了一个自下而上的社会语境和文化空间。正如曼纽尔·卡斯特（Manuel Castells）所言，既然我们的社会正在经历一种结构性的转化，那么，认定有新的空间形式与过程正在浮现，应该是个合理的假设。很显然，至少在目前，"社会化"已经拥有了更为丰富且深刻的内涵，在某种程度上体现着"去中心化""用户至上"等基本特征，并推动着当代社会交往模式和社会形态的结构性变化。

"社会化"不断丰富的内涵为人们认识和解释当下的档案新现象和新问题提供了一个有效的概念框架，从而使"档案社会化"概念应运而生。档案社会化是指在档案场域中，通过深化去中心化和推动公众参与，推动档案结构和社会关系不断重构的过程。

　　"场域"在社会学中往往被视为一种基本分析单位。每个社会、每个生产模式、每个特定的生产关系都会生产出具有自身特点的独特场域，这个场域往往并不会具象为某个实体地理空间，而是体现为存在着一系列的位置以及这些位置之间错综复杂的关系。档案社会化的基本立足点是社会模式或社会范例，其两大核心要义是"去中心化"和"公众参与"，其最终目标为推动档案结构和社会关系不断重构。因此，它必然涉及档案场域中各种权力的博弈和利益的冲突、融合、协调，进而衍生大量的新问题、新矛盾和新冲突。档案社会化就在这种新问题与解决方案同时进行的循环扩张背后逐渐积累和清晰起来。

　　由于档案本身具有信息和知识的生产、管理和服务的属性，因此档案社会化在档案资源生产和档案资源管理上得到具体呈现，它意味着：一方面，越来越多的人参与到档案资源建设过程中，档案资源二元结构不断瓦解，去中心化的多元档案资源结构正在形成；另一方面，越来越多的人参与到档案资源管理过程中，档案职业主体对档案的控制权不断向社会让渡，参与式档案管理的格局正在形成。

二、档案资源社会化的表现

　　档案资源社会化是档案场域中的相关利益主体在档案话语权上博弈的结果，意味着越来越多的人参与到档案资源建设过程中，档案资源二元结构不断瓦解，去中心化的多元档案资源结构正在形成。具体体现为：档案资源建设正在由"档案权力"（国家化）转向"档案权利"（社会化），私人建档实践的自治化和集体化的特征愈加凸显，促使私人档案的资源化程度不断提高。

　　私人档案资源建设正在不断出现并持续发展，具体来说，一方面，个体（家庭）建档活动逐渐兴盛。人类社会从来没有停止过捕捉、记录和存储这个世界，而在数字时代，无处不在的技术设备正在并且仍在空前地固化和释放关于个体（家庭）的各种活动信息，个人（家庭）档案数量呈现"井喷式"增长。另一方面，社群（社区）建档活动逐渐兴盛。它是一种以记录和分享社群历史和文化为目标，以广泛收集和保管社群内部生成或与社群密切相关的记录为主要内容，以社群成员广泛参与为基础的社会文化活动。

由于档案本身是一种重要的社会信息资源，因此随着私人建档的深入发展以及私人档案资源的大量出现，档案社会化趋势逐渐增强。具体来说，这种社会化主要通过三个方面来渐进实现和体现。

第一，私人建档的"集体化"。"集体化"主要源于私人建档开始由"单一来源"的个体性活动向"多个来源"的集体性活动扩展。这种社会广泛参与使私人建档越来越具有共建共享的特征，在这个过程中，个体在为集体做出贡献，通过分享，被分享的私人档案的价值也得到提升。这种"集体化"的实现为私人档案实现由"私域财产"向"公域资源"创造了条件，成为私人档案实现资源化的重要路径。

第二，私人建档的"自治化"。"自治化"是指个人和社群用自己的话语参与到社会记忆建构中，并成为文件档案管理的积极参与者，以满足其在认同、记忆和管理、问责方面的需求。在档案自治的框架下，个人和社群在其现行和历史文件上的权利得到极力强调，包括所有权、隐私权、利用权，以及在文件生成和保存、鉴定和销毁等决定机制中的权利等，这在本质上体现的是平民或民间记忆对传统统治记忆的权力框架的挑战。

第三，私人档案的"资源化"。"资源化"是指私人建档所产出的私人档案不再只是被收藏起来并束之高阁的"私域"财产，而是可以进入"公域"中积极流通，不断创造价值，进而升华成为能够服务于记忆和文化遗产的社会性档案资源。私人档案开始由"私域性"财产向"公域性"社会文化资源转化，大大提升了私人档案作为资源的价值和意义，这些私人档案资源甚至被认为具有和公共档案资源同等的社会地位和价值。

不管是个人（家庭）建档，还是社群（社区）建档，其本身的兴盛，以及相伴而生的私人档案资源的重要价值开始不断凸显，这都表明档案资源社会化已经成为一个不争的事实，是国内外档案领域不容忽视、更不容回避的重要命题。档案资源社会化在本质上体现的是社会大众对公民档案权的追求，它推动档案资源结构发生历史性变化，并促使档案工作者的历史使命从"建立一个以公共档案资源为中心，辅以极小部分具有国家历史文化意义的私人档案资源的档案资源体系来服务于国家或政党"转变为"建设一个拥有更多声音的、充满证据和记忆的'总体'档案资源体系来服务于社会各类主体"。

三、中国档案资源社会化开发的现状及现实阻碍因素分析

（一）中国档案资源社会化开发的现状

档案业务外包是当前中国档案资源社会化开发的一种主要形式，其含义是指档案机构将内部一些简单重复性的日常管理工作和非核心业务通过招投标或合同协议的方式，分包给诸如专业档案咨询服务公司、高校档案专业科研团队等外部机构、组织，以提高效率。中国有关这种社会化开发方法的相关理论研究较多，实践工作开展得较好。

档案众包是一种档案资源开发的新方式，主要是在商业众包的基础上产生的。就是一个公司或机构把过去由员工执行的工作任务，以自由自愿的形式外包给非特定（通常规模较大）的大众网络的做法。目前，国外开展的档案众包内容上较为丰富，不仅包括编辑档案中的词条，还涉及档案著录、建立档案索引、给图像档案贴标签等。例如，新加坡著名的"公民档案员计划"，就依靠广大志愿者抄写转录国家档案馆内已经数字化的档案和对一些旧照片进行描述。而在中国，由于档案众包处在理论研究的初级阶段，因此其实践方面的成果较少。据了解，仅有辽宁省档案馆的"社会档案人"项目，该项目是辽宁省档案馆网站推出的一个栏目，让公众志愿参与对该网站提供的百度百科词条的编辑，与真正意义上的档案众包存在较大差距。档案志愿者服务是指将志愿服

务引入档案工作，由于档案志愿者服务是开展档案众包的必要条件，因此二者内容上有诸多重合之处。

（二）中国开展档案资源社会化开发的现实阻碍因素

1.相关法律法规缺失，导致中国档案资源社会化开发缺少现实依据

档案资源社会化开发的特点是公众参与国家档案资源的开发，这种新开发方式的合法性保障至关重要，国家档案局作为负责国家档案事业的行政机关，必须坚持法无授权不可为的原则，其他参与方的权责也需要法律法规给予清晰界定。然而，现今中国有关档案资源社会化开发的法律法规，只有国家档案局针对档案业务外包制定的法律规范，而有关档案众包的法律法规却处于空白状态，这使得开展档案资源社会化开发，尤其是开展档案众包，缺乏足够的法律法规依据。

2.档案开放程度不高，导致中国档案资源社会化开发缺乏必要的社会环境

档案资源社会化开发需要以档案开放为前提，美国档案资源社会化开发较为成功的原因就是其宽松的档案开放政策。据调查，美国国家档案馆馆藏资料的80%都已经公开，而中国各级国家档案馆档案资料的开放率只有40%左右，一些档案机构因担心档案开放会涉及保密、著作权、隐私权等法律问题，经常会以"涉及商业机密及个人利益""涉及国家机密"等理由拒绝公开本应公开的档案。对于这些开放档案，公众利用也受到诸多阻碍，如一些地方政府机关或者行业管理部门通过颁布单行法规，对利用开放档案设定额外条件，使档案馆以"公众无法说明理由"等为借口，拒绝公众利用档案。较低的开放率和利用档案的诸多阻碍，使得开展档案众包缺乏必要的档案开放环境。

3.公众缺乏参与档案资源社会化开发的热情，导致中国档案资源社会化开发较为缓慢

中国档案馆在公众心中的陌生感让公众对其敬而远之，加之档案开放政策的总体实施情况不容乐观，成为影响公众参与档案资源开发的重要因素。此外，根据现有法律法规，中国国家机关产生的档案通常至少需要在机关档案室保存10年才会向档案馆移交，一般档案自形成之日起满30年才向社会开放。同时，中国国家综合档案馆的馆藏以政务档案为主，如此漫长的封闭期和以政府公文为主的馆藏结构，也会影响部分公众参与档案资源社会化开发的热情。

四、档案资源的社会化利用路径

（一）培养公众参与档案资源社会化开发的兴趣

1.让档案融入公众休闲生活

要想提升公众参与档案资源开发的热情，就需要充分利用现有档案资源，从中挖掘特色内容，然后将这些内容经过适当编辑后，通过社交媒体等推送给公众，让档案融入公众休闲生活，提升公众对档案的兴趣。

2.培育公众档案文化

公众不愿参与档案资源开发，原因之一在于对档案不了解，鉴于此，可以通过培育公众的档案文化水平来逐步改善。除了开展档案展览等宣传，档案部门还可以与教育部门合作，让档案融入学生课堂，丰富课堂内容。此外，档案部门还可以通过提供多种类型的档案志愿服务岗位，让公众通过参与档案志愿活动来了解档案知识以及档案工作，提升他们参与档案资源社会化开发的兴趣。

（二）坚持和完善档案开放制度

改善中国的档案开放现状，首先，改变"保密是原则、公开是例外"的原则，紧跟国家建设透明政府的步伐，认识到《中华人民共和国政府信息公开条例》的颁布所展现的国家对信息开放的态度，积极地开展档案开放工作。其次，明确档案部门的档案开放责任，中国档案事业遵循"统一领导、分级管理"的原则，在档案开放的实施上，不同的地方因拥有一定的自主权而出现了不同的政策，档案开放的程度经常与当地政府的意志、档案部门领导的主观态度等密切相关，要扩大开放力度，就需要有强有力的监督，确定相关责任制，对不履行档案公开的档案机构进行问责。

（三）深入现代化技术应用

在档案资源利用社会化进程中，现代技术占据一定比重，其中主要以制度管理、文件归档、档案数字化、智能控制、网络利用五方面为主。

（1）制度管理。制度管理指在纸质文件基础上与现代化社会发展需求相结合，积极构建电子档案资源，实现档案数字化管理，再通过相关法律法规为国家档案库资源利用社会化创造前提保障。

（2）文件归档。一般在网络办公环境下进行，对电子档案资源进行自动化管理，以此来保证捕获与集合网络档案文件有关信息，是档案文件利用社会化这一环节的物质保障。

（3）档案数字化。采用信息技术对早前较为传统、年代较为久远的馆藏资源进行数字化处理，以达到实现档案信息查找工作透明化、便捷化的目的，还能同时开展档案资源保护工作。

（4）智能控制。智能控制是利用网络基础设施资源以及信息管理体系，构建新型智能化档案控制系统，配合档案库资源管理与规范工作，对内部工作人员进行智能识别、智能监督。

（5）网络利用。必须建立在资源安全管理基础之上，同时通过网络智能化系统满足数字档案文件咨询、查找等利用需求，最大限度地提高国家档案库档案文件利用率。

（四）优化档案资源配置

建立资源丰富且合理的档案库首先要严格遵循国家资源整合规范标准，切实站在系统全面性、资源共享性角度进行整合，从根本上丰富国家档案资源。另外，应将工作重心转移到社会化进程当中，多收集与人民群众利益息息相关的民生资源，并且利用多元化方式丰富国家档案资源库，从根本上满足社会各阶层人士的需求。具体方法可参照以下几点：

1.根据法律法规，优化档案资源配置

国家档案资源建设工作主要以资源配置为主要环节，而法律法规是实现资源有效配置最重要的依据。因此，要想构建完善的档案资源配置体系，必须以法律法规为基础，如此才能实现资源配置的最终目标。

首先，完善立法制度，保证有法可依。完善档案资源立法，先要着重解决档案所有权、档案文件形成义务以及档案资源整合单位范围等问题，再利用法律规章，将相关档案列入国家档案库系统，借助法律制度来约束并明确有关负责单位及个人法律责任，以此来快速解决档案资源构建问题。

其次，用法规确认档案文件产权。运用不同措施为档案资源建设提供参考依据，优化档案移交程序，严格实施有效资源收集与转移工作。由此，为国家形成规范化、合理化资源收集工作提供重要保障，达到优化档案库工作流程、促进档案文件法治化、优化档案资源配置的效果。

2.加强行政管理，保障资源配置成效

国家档案库主要以保存党和国家档案为主，是国家保留永久历史及现行资料的场所。保证资源配置有法可依之后，还需要依靠行政监管来提高资源宏观调配的效率。相关行政管理部门要严格按照法律法规行使行政权，为档案工作正常运行提供指导依据。目前，中国档案工作在资源配置过程中还需要依靠行政部门来处理可能遇到的困难。只有加强行政管理，国家档案资源建设才会有所作为，才能有效提升档案资源配置的效果。相关部门在进行国有档案资源管理与保护过程中，务必对资源文件进行集中考虑，同时以丰富档案库综合资源为基本工作原则，对国有档案文件分布进行科学规划，转变传统的单一的资料收集模式，优化档案资源配置。

3.调整档案建设手段，提升资源配置水平

目前，最为理想的档案库资源管理措施既要求能够如实反映当前社会宏观发展进程，又需要与微观生活相符合，满足人民群众的生活要求。因此，长久实验过程表明，国家档案库一切资源、文件收集原则标准的确立，务必要在实际操作基础上建立，符合社会发展潮流。近几年，随着社会实践活动不断发生变化，档案库资源建设与管理标准也有所改变，这就要求资源库相关规范根据社会实际情况进行适当调整和优化。在较短时间内，档案管理部门需要将接收到的文件材料重新整理，使其能够最大限度地反映出当前社会发展趋势。另外，在档案建设过程中还需要发挥相关人员的主观能动性，深入了解地区实践活动、重大事件、社会民生等情况，通过展开研究分析工作，选择最能反映当前社会发展现状的实践活动。

第四节　档案资源的多元化保存

档案事业始终秉承"对历史负责、为现实服务、替未来着想"的宗旨。在时代变迁与社会演进的过程中，档案完整地记录了这一系列变化，并在这一系列变化过程中充当了先锋的角色。从社会学角度看，中国地域广阔、人口众多、国内发展不均衡、城乡差距较大等问题给当代社会转型带来了不同程度的问题，档案资源与区域经济、城市特色、人口素质等因素相互影响。

一、当代社会档案资源的实体分布

（一）从档案资源形成时间角度划分

中国是一个历史悠久的国家，档案自古以来就被统治阶级重视，在朝代的更迭与社会的发展中，档案与档案工作经历了兴衰与磨难。随着时间的流逝，传承下来的档案史料弥足珍贵。就时间角度而言，中国现存档案资源可分为明清档案、中华民国档案、中华人民共和国成立后形成的档案。

中国古代档案遭受了洗劫与流失，但是由于时间较近及管理者档案保存意识的增强等，明、清两个朝代的部分档案得到了有效保护，存于中国第一历史档案馆。中国第一历史档案馆现存明清历史档案 1 000 余万件（册），其中明代档案 3 000 多件，其余绝大多数为清代档案。馆藏档案中，汉文档案约占 80%，满文档案约占 20%，蒙文档案 5 万多件（册），还有少量其他民族文字的档案以及英、法、德、俄、日等外国文字的档案。

（二）从档案资源保存单位地域角度划分

依据中国行政区域划分，除香港、澳门两个特别行政区外，全国共划分为 23 个省、5 个自治区、4 个直辖市。按照《全国档案馆设置原则和布局方案》的规定，中央设置三个综合性档案馆及四个专门档案馆，地方按行政区划分级设立综合性档案馆，根据需要设置其他类型专门档案馆。

中央档案馆同中国第一历史档案馆、中国第二历史档案馆均属于中央综合性档案馆。中央档案馆负责收集、管理党和国家在各项事务活动中形成的档案，包括中华人民共和国成立前党政工作的档案史料，是中央级的综合性档案馆。中央档案馆也是全国档案工作的龙头，是指导、协调全国档案资源实现有效利用的活动中心。此外，中央还设有专门档案馆。

（三）从档案资源保存单位类型角度划分

不同类型的档案资源保存于不同类型档案馆，大体可以分为综合性档案馆、专门档案馆、部门档案馆、企事业单位档案馆四大基本类型。

综合性档案馆集中统一保管党和国家在进行社会活动过程中形成的档案，其综合性质取决于馆藏档案资源及其服务的性质，综合性档案馆馆藏资源来源于国家活动的各个领域，包括政治、经济、文化、科技、军事等，是国家文化传承与国家记忆保存的宝贵资源。综合性档案馆也是科学研究及各方面利用档案的中心，可利用档案资源丰富，是永久保管档案资源的基地，肩负着为社会服务的使命。

专门档案馆所保存的档案资源是指专业活动领域在进行社会活动过程中形成的档案资源。其专业性体现在档案载体及档案内容上，如中国照片档案馆、全国地质资料馆、中国电影资料馆以及大中城市设立的城市建设档案馆等。

部门档案馆隶属于中央和地方某专业主管部门，负责收集保管本部门在社会活动及日常管理中形成的档案，如中华人民共和国外交部档案馆、中国人民解放军档案馆等，并在档案形成一定时间后移交中央档案馆。各地方有关专业部门按需申请设立部门档案馆。

企事业单位档案馆负责保管本单位及其所属单位在从事各项社会活动及内部管理活动中形成的档案资源，其所保存的档案资源主要服务于本单位。

（四）从档案资源保存单位空间分布角度划分

中国档案管理体制采取集中制的模式，档案资源实行统一领导、分级管理的原则，中国档案资源统一保存在各级各类档案馆。从空间角度来看，除档案馆保管的档案资源外，图书馆及博物馆等相关机构所保存的部分具有原始记录性的文物、史料均属于档案资源。此外，由于战争、抢掠、偷盗、倒卖等，部分档案流失，现散存于国内外不同地区，这部分档案也是中国极其珍贵的档案资源。另外，个人手中保存的能够反映国家不同时期的社会活动的档案，以及名人档案、特色档案等皆是中国档案资源的一部分。

档案是承载国家记忆的工具，是国家软实力的重要体现，只要是有关国家历史传承、党和国家发展建设、公民生存依赖的档案资源，无论其存在于何处，都是中国不可多得的重要战略资源。

二、数字档案资源的保存方式

档案数字化主要是指档案以数字资源的形式存在，借助计算机、扫描技术与数据库技术等实现纸质档案的数字化，从而满足档案的存储、管理与读取需求。进一步构建专业的数字化档案资源库，可以满足各方面的档案信息共享需求，是新时代档案管理的基本方式，也是实现档案深度挖掘应用的必要前提，对于提高档案资源的利用效率，促进档案信息的广泛共享具有重要意义。

（一）完善数字档案管理制度

数字档案的长期保存必须以科学的规章制度为保障。与传统的档案管理方式相比，档案数字化建设还存在技术盲区，必须围绕技术进步修订现行的档案管理标准，从而消除技术因素和外部环境因素对档案长久保存造成的不利影响。例如，完善档案管理工作组织架构，明确各方面在档案管理中的权责要求，出台数字化档案管理指导性文件，以制度形式对数字化档案长期保存进行全面规定，包括明确具体的责任、制度、流程、权限与责任追究等内容。档案管理部门还要加强设备管理，围绕存储介质构建良好的档案保存环境，防止因设施设备漏洞或损坏给档案保存带来的不良影响；注重不断修订有关存储介质的配置、防护和安全等级要求，为各级机构的档案管理与建设提供必要的依据。档案资源长久保存过程中需要开展扫描、备份、加密与调取等操作。一些档案机构只是引进了成熟的档案管理系统，没有从安全性角度对现有技术进行安全论证，对系统能否满足长久保存档案的需求还不够确定，还需要加强相关技术标准的建设，从需求和使用角度细化档案管理标准与对各种软件的要求，保证信息安全。

（二）使用多种安全保护措施

随着云存储技术和档案"互联网＋"环境的快速发展，海量档案数据信息得到有效存储。基于档案长期保存的需求和未来一段时间的技术发展趋势，相关人员要根据档案信息共享使用特点确定档案长期保存工作措施，重视持续性扩大档案存储空间，有效降低档案长期保存的成本，基于内外部环境的不利因素拟定具体的安全防控措施。例如，根据档案内容确定保存等级，针对不同的访问权限合理使用档案保存方式，以降低档案保存过程中的数据维护成本。明确长期保存档案的使用方式，由专职人员对档案数据库的访问情况进行跟踪监督，有效防止违规使用档案管理系统的问题，督促相关人员规范有序使用档案管理系统。发挥系统日志的作用，加强日常安全检查，尤其对擅自删改档案的操作进行监督，从而提高日常安全管护水平，消除违规操作带来的档案安全风险。

（三）提高各方面的保存意识

档案数字化建设是一项系统性工程，需要各方面人员积极配合，要求其具有较强的档案保存意识和安全意识。为此，档案机构及相关单位应当加强相关知识技术的普及，完善档案管理工作团队，提升所有成员及用户的档案保存意识，使各方面人员清晰了解档案保存与调取的相关要求，完善档案长期保存的工作框架，根据实际情况优化档案数字化管理环境，从而为档案的后期迁移奠定基础。在档案保存技术普及中，应重点运用技术案例进行安全防控常识的讲解，围绕档案管理中的典型问题进行解决。

（四）积极进行云备份

云技术是未来主流的数据存储技术，不仅具有分布式存储优势，还方便数据信息的调用，有利于提高档案的利用率。为了推动档案数字化保存的云建设，应当采用先进的数据框架，从而为后续的档案整理提供参考。在云建设的过程中，应当加强身份验证与安全监测，对各方面的数据存储展开身份验证工作，在身份验证后还要进行安全检查，保证上传到云端的档案具有可用性。完成数据检测之后，应进行必要的数据选择，为需要备份的档案信息做好相关的数据处理。针对云端的档案备份，应当建成多方位的备份系统，构建横向扩展存储体系，重视改进单一的存储方式，具体可以利用在线模式改变数字资源的存储方式，同时也可以由远端的数据中心处理数据，从而提高数据信息的安全性，实现数据的跨区域保护，进一步以多元化方式保证本地和异地数据信息安全。

第五节　数字化档案的安全性保障

档案信息是某个人在特定领域或者范围内的所有相关信息，不仅包含其学习和职业经历，还包含一些较为私密的信息。随着网络技术的飞速发展，以及支付宝、微信等电子交易模式的出现，电子银行的信息与个人信息之间的绑定越来越多，如果档案信息管理不当，就会出现个人信息泄露问题。从档案数字化水平不断提升这个角度分析，应不断提升电子档案信息的安全性，不然就会影响数字化档案的发展，甚至会对人们的财产安全造成隐患。

一、数字化档案安全管理存在的问题

（一）数字化档案管理制度不够完善

从某种情况来看，数字化档案的出现及运用在很大程度上提升了档案管理的效率，但是由于管理制度不够完善，可能会变相提高数字化档案管理安全问题的发生率。从档案内容的视角来分析，数字化后的档案信息具有较大的信息安全隐患。随着档案信息的数字化，相关信息被保存在介质中，如果介质中的信息被非法盗取，就会导致所有档案信息失窃。当然，结合实际情况不难看出，虽然档案信息出现了多次被盗的情况，但是相关单位或部门对电子档案安全问题的重视程度依然不够，相关的管理制度不够完善，职责体系不够明确。为此，应制定科学、完善的管理制度，加大监管人员的监管力度，不断优化管理机制和信息安全保护体系，从而降低档案信息被窃取的风险。

（二）相关人员缺乏安全保护意识

如果数字化档案管理人员对档案管理安全的重视程度不够，就会在一定程度上影响数字化档案管理安全水平的有效提升。在网络视角下，数字化档案管理的制度缺陷无法有效弥补技术风险，结合实际情况不难发现，一些工作人员每天只是机械地重复信息录入工作，对信息的监督管理力度不到位，相关的安全意识也较缺乏。出现这种现象的主要原因就是档案信息管理中存在信息技术管理和传统档案管理的差异，信息技术管理人员完成系统开发之后就会放手让档案管理人员进行后续操作，档案管理人员只是简单地录入相关信息，其工作技能水平较低，从而出现数字化信息安全隐患问题。

（三）数字化档案信息安全管理问题

网络视角下的数字化档案管理系统主要采用以下两种技术：一种是互联网

技术，这种技术主要是为了传输协议，结合安全防范机制来看，针对不同切入口的防范制度有待进一步完善；另一种是信息技术，这种技术用来推动档案信息的数字化发展，还能优化管理功能。信息技术也存在一定的弊端，即相关技术人员虽然基于信息系统结构建立了相应的安全防御制度，但非法盗取信息的人员依然可以借助互联网或者本地登录入侵系统盗取信息。数字化档案的管理技术依然有待革新，为了提升数字档案信息管理的安全性，要不断强化人们的安全防范观念，优化相关系统。

（四）数字化档案安全管理人员的自身素养有待提升

不管是互联网技术还是信息技术，在实践运用过程中都需要其他相关技术的大力支持，不同专业技术领域的工作人员需要定期维护并更新系统，从而确保安全管理工作的高效落实。然而，当前的数字化档案管理人员不少是从原有的档案管理人员中选拔上来的，其对计算机技术的了解程度较低，无法较好地维护软件安全，无法顺利完成相关设备的日常维护和检查、档案信息备份的安全管理工作。在这种情况下，如果依然采用数字化档案管理模式，可能会降低安全管理工作的有效性。

二、保障数字化档案安全性的措施

（一）加强数字化档案安全法治建设，健全相关制度

档案部门应根据国家信息安全的法规制度，根据实际情况更新数字档案信息安全法规标准，遵循法治化要求，利用法律武器严厉惩治危害档案信息安全的违法行为，维护国家的公共利益。为了避免出现影响数字档案信息安全性的问题，必须完善管理制度，用规范的制度来约束数字档案管理，促使技术和制度相结合，实现维护数字档案信息安全的目的，保证数字档案信息安全管理的

顺利进行。

（二）完善基础设施建设，采用安全有效的技术手段

在数字档案信息的安全管理中，优质的硬件设施具有坚实的保护作用，必须选择优质、可靠的存储介质，有计划地对档案信息进行备份。在档案信息的传输过程中避免信息的丢失，注意定期进行检修和换新，做好保护工作，避免出现安全问题。加强对信息的加密保护，做好安全防范工作，防止重要信息被黑客入侵、盗取，确保数字档案信息的安全，同时要提高保护能力，使档案信息得到保护。

（三）运用先进技术提升数字化档案信息管理的安全性

1.运用访问控制技术提升数字化档案信息管理安全性

这种技术主要是对数字档案信息管理系统的用户进行权限设置，这样能够科学管控用户，提升管理安全性。如果用户采用登录系统方式，系统能及时发现用户的自身权限，把一些超出使用权限的信息分离出去，只留下其权限范围内的信息。从这个角度进行分析，应严格控制管理人员之外的其他人员对档案信息的跨行管理，进一步规范管理人员的自身操作。通过发挥互联网的作用，强化远程操控的权限管理工作力度，保证远程操控工作权限设置的合理性，这样才能为权限达标人群提供方便，让其及时获取相关信息，还能有效降低非法入侵档案管理系统的可能性。

2.运用防火墙技术提升数字化档案信息管理安全性

防火墙技术是一种较为常见的网络安全隔离技术，主要是借助不同的信息源来为用户选择更加合适的应用系统，确保相关系统使用起来更加安全有效。档案信息泄露案例较为常见，部分网页还可能出现系统用户路径被泄露的问题，从而影响系统的正常运行。

这种情况下的防火墙会直接把入侵行为控制起来，从而降低非法入侵行为

再次出现的可能性。防火墙技术能够辨识互联网的运作环境，从而创建出合适的互联网运用管理机制，保障互联网的安全稳定运行。由此不难看出，如果工作人员对互联网的运用不够熟练，或者管理工作中存在失误，也不会给系统带来较为严重的负面影响。

3.运用信息加密技术提升数字档案信息管理安全性

这种技术主要包括两方面的内容。一方面是在信息传输过程中进行信息的加密处理。信息泄露之后，非法盗取信息之人可能会获取部分档案信息，这时加密处理能够降低信息泄露的可能性。一般情况下，通信信息都经过了相应的加密保护，这样能够确保信息被盗取后在被破解的过程中变成乱码，从而保护信息安全；另一方面，信息加密技术还包括本地信息的加密和保护、数字标签的验证等，这样能有效保护用户权益并直接调取所需信息，权限不达标的人无法获取一些信息。另外，基于防破解原则，当出现破解的情况时，采用加密手段的应急机制会自动关闭系统，或是改变信息形式，以保障信息安全。

第七章　大数据环境下的
档案信息资源开发

第一节　大数据环境下的
档案信息资源整合

随着网络技术的快速发展，我们迎来了一个信息量暴增的新时代——"大数据时代"。档案部门存储了海量信息，大数据环境下，未来档案馆的核心竞争力很大程度上取决于其信息服务能力。如何存储、挖掘、保护大数据环境下的海量信息，变革档案管理人员的工作方式，迎接档案信息资源建设的挑战，并进一步创新档案信息资源服务方式，是档案部门不得不正视的问题。

一、相关概念分析

（一）大数据

大数据，或称巨量资料，指的是所涉及的资料量规模巨大到无法通过目前主流软件工具，在合理时间内达到撷取、管理、处理，并整理成为帮助企业经营决策更积极目的的资讯。

大数据是无法在一定时间范围内用常规软件工具进行捕捉、管理和处理的数据集合，是需要新处理模式才能具有更强的决策力、洞察发现力和流程优化能力的海量、高增长率和多样化的信息资产。

（二）档案信息资源的整合

大数据时代的档案信息资源整合，通过网络技术、计算机技术以及数学算法运算等技术手段，借助社会组织单元之间的协同合作，将零散分布在不同领域、不同行业的大数据资源通过一定的规则进行连接，形成了一个结构有序化、管理一体化、配置合理化的管理整体。

二、大数据环境下档案信息资源的整合模式

（一）数据标准的整合

当前，一些单位各自开发与自身业务相适应的档案管理系统，使得单位之间的档案基础软硬件标准不一、数据接口不一、数据标准要求不一，数据共享难。

在大数据时代，档案数据资源快速增长，所以，档案管理系统之间可以相互沟通协调，对数据的标准进行统一整合，统一元数据标准。应通过统一的数据接口标准对当前存在的档案信息系统及其相关的信息系统进行异构异地数据的存取和开放。从这个角度来说，数据的接口标准是整合的基础和关键。

（二）平台的整合

数据整合归根到底必须构建一个能够统一管理数据中心管理平台、联结各个异构的应用系统。大数据环境下的档案数据整合必须在实际工作中解决包括数据采集、处理、分析、安全防护以及存储共享多个现代信息技术问题。因此平台整合说到底还是技术融合，如何利用网络技术、计算机技术、数据库技术、云技术等新技术进行数字资源平台的搭建是平台整合的关键问题，也是大数据

时代档案数据整合的核心所在。

（三）管理的整合

与技术整合相对应的是管理方面的整合，大数据环境的档案信息整合工程不仅需要技术的支撑，还要依靠科学管理，营造与其相匹配的管理环境。因此，就管理现状来看，首先要建立统一的管理协调单位对整个整合工作进行统一调配和管理；其次要树立合理的数据整合观念，增强合作意识，实现对数据整合工作的智力支持；最后要制定相应的规章制度，促进相关组织单位的相互交流和学习。

（四）安全的整合

在日益复杂、严峻的网络安全形势下，对馆（室）藏海量信息资源进行安全整合显得尤为重要。安全整合的关键在于对档案信息进行有效保护，使其不因外界因素而遭到破坏、更改、泄露，从而保证信息的真实性、完整性和机密性。首先是对档案操作系统、网络系统进行整合，防止黑客和病毒的攻击；其次是保证档案信息的完整性。

第二节　大数据环境下的
档案信息资源挖掘

档案信息资源具有来源多元、内容丰富、信息散布、数据繁杂等特性，对档案部门的档案信息管理控制能力和开发利用能力提出了很高的要求。大数据技术通过新的信息处理模式和技术，解决了一些无法用常规软件工具处理的数据问题，为提升档案信息管理和开发能力提供了新的解决思路和技术手段。

一、档案信息资源数据化建设发展思路

毫无疑问，传统载体档案的数字化为档案管理带来革命性的变化，极大地提高了档案信息管理和利用效率，也为档案资源长久保存提供了新的手段。但是，受传统数字化理念和技术的影响，早期档案数字化的主要目的是获取图像格式的档案数字化成果，对档案内容的控制和利用主要通过档案目录数据库加以实现，形成典型的"数字图像＋档案目录数据库"档案数字化模式。但是，数字化主要承担档案由传统载体转化为电子形态的任务，以满足传统载体档案计算机阅读的需要，并没有直接解决档案内容的控制与开发利用问题。

随着档案数字化工作的深入开展，特别是"增量电子化"理念和 OCR（光学字符识别）技术的不断发展，档案信息资源由"数字化"向"数据化"成为可能。

档案数据化是指将档案信息转化为计算机可以阅读和理解的档案信息资源的过程。数字化对应的基本单元是比特，数据化对应的典型对象则是字节和字。档案数据化的目的是实现计算机自动分析、理解和处置档案信息，将利用档案的途径由"页面阅读"转变为"内容控制""信息开发"。其实现的途径是由计算机识读档案文字，进而借助智慧化的工具转换成计算机可以理解的内容，实现档案利用价值的深度开发。

与传统的档案信息资源要求内容高度精确不同，在大数据背景之下，精准的档案信息资源虽然弥足珍贵，但并不是资源数据化的必然要求。大数据技术追求的是对概率和趋势的探索与认知，这一目标的实现并非依赖局部或细节的真实性，浩繁而略、有瑕疵的大数据所得出的结论比精准的小数据得出的结论更为科学和真实。因此，对于档案数据化成果，特别是 OCR 成果，相关研究认为，人们完全可以在很大程度上接受其不精确性，这是档案数据化工作的鲜明特点之一。

考虑到在知识经济背景下，数据化档案信息资源具有来源广泛、类型多样及数据格式复杂等特点，相关研究认为，档案信息资源建设的思路应进一步拓展。在统一的标准和规范体系基础上，建设数字化与数据化、传统资源与非传统资源相结合的档案信息资源库，为通过数据挖掘等技术构建档案信息服务数据库提供基础性信息资源。

二、数据挖掘技术在档案管理中的应用场景与实施策略

数据化资源包含着丰富的信息，数据挖掘可以帮助人们在档案信息资源建设、管理、开发及档案馆业务管理中发现一些有效的、新颖的模式，对提升档案信息资源管理、开发效率有重要的作用。对此，档案界已经形成了共识。

但是，在具体实践中，许多档案数据挖掘的研究成果主要是站在纯技术、纯算法角度解决问题，这与关注档案数据挖掘的人员多是计算机、统计、数学等专业领域人才有一定的关系。相关研究认为，决定数据挖掘成果价值的，除技术因素外，更重要的因素是"档案意识"和"业务需求"，即应基于档案信息的特性和档案数据挖掘的目标，将数据挖掘技术与档案资源管理、档案信息开发有机结合起来。基于以上认识，研究人员针对档案资源建设、档案资源管理、档案资源开发和档案业务管理4个领域，提出了档案数据挖掘技术的应用场景与实施策略。

档案资源建设领域数据挖掘技术具有很大的应用空间。其基本原理是对档案资源建设成果进行数据分析，根据数据分析结果建立数据模型，通过数据模型对未来的档案资源建设成果进行比对，以分析存在的问题，发现新的趋势，指导和规范档案资源建设工作。对于合规的档案资源建设成果，一方面可以采用数据挖掘技术对其进行分类、聚类，提升档案信息的管理深度；另一方面可

以通过机器学习，完善数据模型，以更好地开展后续工作。研究表明，通过对机关档案室历年归档文件数量和门类结构、来源结构及保管期限等进行分析，建立归档文件数据模型，对检查归档文件的齐全完整程度和档案保管期限划分的准确性具有明显的辅助作用；通过对归档文件类型的聚类分析，发现新的档案类别和归档工作新趋势，对规范文件材料归档工作具有导向作用。

再以数据挖掘技术发现档案资源管理中的模式为例。为提高档案检索效率，档案馆（室）需要建立人名索引、文号索引，以往只能靠人工编制，效率低下。在资源数据化的条件下，可以通过构建虚拟人名库、虚拟文件字号库等方式，为解决该问题提供可以接受的替代方案；为便于利用者便捷地浏览档案内容，需要为档案文件建立摘要。数据化条件下，可以通过一定的算法，挖掘首段、尾段，段落首句、段落末句，小标题及"总之""综上所述"等文字内容，抽取和形成虚拟文件摘要，在一定程度上以低成本满足档案利用的要求。研究人员还通过对控制使用档案目录进行词频分析，发现大量与控制使用档案具有相关关系的高频词和具有特定时代特征的词，基于这些分析成果构建的档案开放划控词库，在提高档案开放划控效率方面发挥了积极的作用。

三、构建基于数据挖掘技术的档案信息资源智能检索模型

研究人员在分析专家利用档案经验和一般利用者查阅档案规律的基础上，构建了 11 种档案信息检索模型，为一般利用者提供查询利用服务，以求进一步提高档案信息的查全率和查准率。该 11 种智能检索模型分别为因果关系模型、对象的作用与影响分析检索模型、对象的性质地位分析检索模型、热词检索模型、数据相关关系检索模型、文本相关关系检索模型、递进关系检索模型、类似和相关关系检索模型、近义词检索模型、交叉关系检索模型、

人物检索模型。

四、搭建档案智能检索和共享服务平台

　　为探索实现档案信息资源数据挖掘的有效途径，研究人员搭建了档案智能检索和共享服务平台，运用关联、分类、聚类等技术设计数据挖掘工具，实现档案资源的智能检索和智能聚合，验证了研究成果的可行性与实用性。

　　该平台以档案信息资源的挖掘分析服务为目标，由结构化数据挖掘组件、文本数据挖掘组件、多维建模组件和全文检索组件构成，具有较为实用的数据挖掘和信息服务功能。其中，结构化数据挖掘组件采用分类预测、回归预测、聚类分析、关联分析等主流的数据挖掘技术，以满足不同类型的结构化数据挖掘需求；文本数据挖掘组件由非结构化数据提取模块、语义信息处理模块、基于向量空间模型的文本特征抽取模块等构成，可以满足档案文本信息的数据挖掘功能；多维建模组件采用面向主题的多维数据分析技术，可以从多个角度审视数据，完成多主题、多视角、多层次、多指标，以及即时、准确的在线数据分析，并支持对关键业务指标的快速比对和预警，最终提供直观、有效的档案服务信息；全文检索组件应用先进的海量中文智能计算技术，如中文智能分词技术、中文概念抽取技术、全文检索技术、自动摘要技术等，从文档的外部特征和内容中抽取信息，以精确的中文智能分词为基础，解决了传统数字档案馆档案信息开发主要采用机械的关键字检索的简单方法，为利用者提供精确的检索结果。

第三节　大数据环境下的
档案信息资源开发与利用

档案管理对经济社会发展具有独特作用，各行各业任何活动都需要有档案资料作为依据和参考。一个人成长也必须通过档案记录其过程，档案管理事关每一个人。传统档案管理注重对档案资料的存储，忽略了对档案信息资源的深入开发与挖掘，导致档案管理的效果无法达到预期。在大数据背景下，我们应高度重视档案信息资源的开发与利用，认清存在的问题，制定相应的应对策略，全面提高开发利用档案价值的水平，为社会发展提供重要的基础性保障。

一、大数据时代档案工作要求

大数据时代，迅猛发展的社会经济和网络信息技术对档案工作开展和信息开发利用提出了更高要求。

（一）与时俱进，适应社会发展需要

档案工作的本质就是处理各种信息资源，档案信息资源建设要与社会发展同步，为社会发展提供优质服务。在大数据时代，万物皆数据，一切皆可量化，世界的本质是数据。因此，档案数据化要适应经济发展，只有与时俱进，实时对档案相关工作进行职能转变，才能针对不同的服务对象定位他们的需求和目的，满足用户的社会需求。

（二）扩大渠道，开展多样化的服务形式

在当前的档案信息资源开发与利用工作中，依照需求进行相应数据的调用、分析和分享，是一种常规的运行模式。在这种运行模式下，档案信息资源的开发较为被动，数据的挖掘也不够深入。因此，应当将资源开发作为一个主要环节，持续进行优质资源的关系分析，构筑多维度的关系模型。档案信息在提供服务的过程中要满足用户需求，保证档案信息查询的有效性，开展多样化的档案服务形式。

（三）加强档案工作者队伍建设

从战略发展角度来看，推动档案工作发展首先要建设档案团队。在大数据时代，档案工作人员既要具备良好的素质和职业道德，还要在业务方面有所精进，不断提高自身能力。可以结合档案人员的学科背景和工作能力进行分类培训，如对有计算机、云计算、大数据等学科背景的工作人员，进行数据挖掘和数据组织等知识的培训；对有信息学、管理学等有学科背景的工作人员，进行用户管理和信息整理等方面的培训，为用户提供个性化服务。

二、大数据时代档案信息资源开发与利用的意义

档案信息资源的开发与利用是档案工作的生命线，是实现档案工作价值的重要保障，在大数据时代具有较大的现实意义。

（一）为档案信息资源优化存储提供技术

受数据化趋势的影响，档案数据化将成为档案数字化的新方向或新阶段。传统档案一般都是通过纸质的方式进行保管，随着时间的推移和使用次数的增多，纸质档案常常无法正常使用。档案信息数据化，建立档案信息资源数

据库，是大数据时代档案信息的主要保管方式，有利于提高档案信息资源存储水平。

（二）为档案信息资源高效开发提供保障

大数据最核心的价值在于对海量数据进行存储、分析，创造、挖掘出庞大数据库的独有价值。传统档案资源的管理和开发利用，需要档案工作人员在档案室找到相应的档案资料，并进行登记，使用完毕后再放回档案室。这种方式费时费力，工作效率较低。随着信息技术的发展，大量电子文件产生，推动了"文件档案一体化"的发展。档案工作人员利用大数据技术，根据"文档一体化"管理实践对档案数据进行追踪与分析，再对照用户数据查询的频率和方向，对档案资源进行分类与整理，针对用户最关切的方面去开发产品，高效利用档案信息资源。

（三）为社会进步和地方经济发展提供足够服务

受技术条件和一定人为条件的限制，一些档案馆的档案信息资源被保护得过于严密，利用率不高。新时代档案信息资源开发方式可以提高档案信息开发利用率，为经济社会发展活动提供重要参考，为今后决策提供科学依据。尤其是在大数据技术条件下，档案信息数据服务方式多样、内容丰富、目标精准，足够满足当今社会和地方经济发展需要。

第四节　大数据环境下的
档案信息服务创新

　　当今社会，互联网让全球成为一个地球村，大数据技术作为"互联网＋"的核心技术正深刻地改变着世界。科技是把双刃剑，大数据对档案信息服务发展来说既是机遇也是挑战。海量的复杂数据，既丰富了档案信息资源，也增加了信息处理的难度。大数据对档案信息服务的理论、内容、方式都产生了深刻的影响，所以有必要重新认识档案信息服务，创新档案信息服务方式，提高档案信息服务水平。

一、大数据时代档案信息服务的变化

　　大数据时代档案信息服务工作呈现社会化、多元化的发展趋势，服务对象、内容、方式和目的都发生着很大的变化。当前，档案信息服务紧跟时代发展，更倾向于为智慧城市、新农村建设服务，致力于为人民群众服务。服务对象从线下延伸到线上，由此产生了档案远程服务，客户足不出户便可以获取档案信息。档案人性化定制、智能化推送服务方式应运而生。档案服务的最高目的在于最大限度地满足用户的信息需求。值得注意的是，大数据时代档案信息服务工作，要善于把握用户的深层次需求，向用户传递相关知识，"授人以鱼，更授人以渔"，达到利用服务和知识服务的双重目的。

二、大数据背景下档案信息服务特征分析

（一）档案信息数量递增

大数据环境背景下，信息化数据递增，信息数量不断增加，档案信息服务的难度也逐渐加大。由于信息技术的发展，以及档案信息数量的递增，档案信息数据的"变量"逐渐增多，尤其是随着档案信息服务技术的发展，信息的影响范围逐渐扩大，这对于档案信息服务来说难度加大。信息描述事物本身的特质，如果档案信息数量存在递增，抽样数据就不能准确描述事物，更不能接近于事物的本质，所以只有认真分析处理相关信息，才能得到最准确的结论。由此可见，档案信息数量的递增给档案管理带来了一定困难。

（二）信息类型复杂多样

新形势下的信息相较于传统结构化的信息数据，更具有一定的时代性。传统信息类型多是呈线性增长的信息化信息，一般多为结构化的数据，其信息具有普遍化和标准化。随着信息技术的全面普及，出现了非结构化信息，大量非结构化的数据信息的存在，使得许多档案信息类型更加不适用于非结构化数据，这对传统档案信息服务来说是一项巨大的挑战。

（三）信息处理速度加快

随着信息技术的发展，档案信息获取方式逐渐增多，档案信息的产生、整序、加工都变得更加复杂。相较于传统的途径模式，新形势下的信息数据服务速度更快，传播的途径逐渐增多，很多信息能够迅速被大众掌握，特别是信息传播以及处理的速度相较于传统模式更加迅速。新形势下信息处理速度加快，也给档案信息管理服务工作带来了巨大挑战。

三、大数据背景下档案信息服务创新的思路

（一）整合档案数字资源，应用网络媒体技术

大数据背景下的档案信息服务，更要融合信息数字资源，应用网络媒体技术实现有序化的档案信息管理。要想使档案信息服务更加完善，必须强化内部宏观调控，遵循政策规定，注重合理规划并实现档案资源的全面整合。档案信息服务应以改革创新为核心，以社会公众需求为方向，实现宏观和微观的全面整合，全面实现电子化、数据化、现代化，注重积极的宏观调控和组织协调工作，特别是在新型网络技术的引领下，要积极构建网络信息资源管理机构，全面、深层次地强化信息资源保障体系，推动档案信息资源共建共享。

（二）运用现代科学技术，提升信息服务创新能力

大数据背景下的档案信息服务应运用现代科学技术，提升创新能力，并加强档案数据分析，实施数据分析的全面开发和利用，只有更加精准地满足社会公众需求，才能将档案信息服务的质量进一步提升。档案信息服务部门应加强与数据分析工具开发企业之间的密切合作，建立高度紧密的联系，实现具体问题具体分析，充分利用数据分析工具实现档案数据分析，使档案得到应有的价值，如此才能提高信息处理速度，提高信息管理效率。

大数据技术拓展了信息检索范围，使得档案信息管理工作更加便捷，特别是检索方式从传统单一转变为多元化，使得信息检索服务更加方便快捷。云技术是大数据时代的焦点，档案管理部门要发挥云技术优势，注重引入网络技术，为客户利用档案信息提供优质服务。

（三）革新档案信息服务理念

数据管理不仅是一种先进的管理技术方法，还是一种全新的服务理念。一套先进的理念对于档案服务事业的发展有着重要的推动作用。数据管理随着大数据的产生不断发展，应充分发挥数据的作用。档案信息服务创新离不开思想理念的更新。要革新以往的错误理念，对档案工作人员进行思想教育，逐渐培养起整个社会成员的档案意识，促进档案信息服务工作健康发展。树立以用户为中心的服务理念以及数据健康科学管理理念，深入了解用户的档案信息需求，处理好用户与档案部门的供求关系，实现平衡有序发展。除此之外，档案编研思路也应不断创新，提高档案编研质量。

（四）积极开发档案数据资源，拓展服务渠道

大数据背景下，人们对于各类信息的需求日益多样化，对于各种信息服务质量的要求也越来越高。随着科学技术以及社会经济的发展，人们的生活水平不断提高，对于各项事业的服务要求也不断增加，更加离不开各种各样的信息服务。需求的多样化要求相关部门必须积极拓展服务渠道。

创办服务实体，开发档案产业，为档案用户提供便捷的服务信息。除了提供直接服务，还要有针对性地为特殊利用者提供特定服务，形成特定人群专门的服务通道。

开发特色档案信息产品，开展电子商务，通过创新档案服务手段来提高服务水平。发挥相关专业优势，构建档案、图书、情报之间的联系，建立完备的档案信息系统，逐渐形成一体化体制，促进档案信息资源共享。

除此之外，建立信息服务反馈系统，通过创新反馈机制，逐步减少服务质量的不良化，提高档案信息服务的科学性、合理性、系统性。

第八章 档案信息化保障体系建设

第一节 宏观管理保障体系建设

档案信息化是档案部门在飞速发展的信息时代，履行工作职责、强化业务功能、拓展服务领域并对档案信息资源实行现代化科学管理的实际过程。它不仅需要以现代信息技术手段为依托，而且需要用科学理论进行指导，以避免在档案信息化的实践中走弯路，甚至步入歧途，造成人力、物力、财力的浪费，贻误档案信息化快速发展的大好时机。

一、建立规范的制度保障体系

高标准建设档案信息化保障体系，必须夯实制度建设这个基础，确保推进档案信息化工作有章可循、有法可依。

一要注重时效性。随着时代发展和档案管理方式变革，一些原有管理制度措施已经不能完全适应当前工作需要，特别是近年来国家对推进档案信息化建设做出一系列安排部署，迫切需要对档案信息化管理制度及时做出更新和动态调整，加快推进相关制度的"立、改、废"，确保充分体现新时代、新要求。

二要注重针对性。围绕当前制约档案信息化建设的最迫切、最现实问题，研究制定涉及政务服务事项电子文件归档、数字档案馆（室）建设等既利当前、更管长远的政策文件，确保把最解渴的政策送到档案信息化建设急需的第一线，真正用务实管用的政策推动档案信息化发展。

三要注重协调性。将档案信息化工作与本地本部门重点工作同部署、同推进，与本地本部门整体制度建设同部署、同推进，加快推动档案信息化工作纳入各地信息化发展全局，列入本地国民经济和社会发展规划、政务服务一体化平台建设等，进一步强化档案部门信息化工作职责，推动实现档案信息化建设全面发展。

二、建立完善的质量标准体系

档案信息化标准是对档案信息化建设过程中出现的各种重复性事务和概念所作的统一规定，标准对象是随着档案信息化建设中的时间变化、技术更新而不断变化的。加快建设档案信息化保障体系，必须持续优化和不断完善质量标准建设，确保实现对档案信息化管理的有效指导和必要约束。

一要立足时代特征，坚持适度超前的原则，充分考虑信息时代和网络环境的变化，分析宏观形势对制定相关质量标准的影响，研判社会和技术的发展方向，根据当前档案信息化发展阶段和工作现状综合研判制定相关质量标准，确保经得起实践和历史的检验。

二要考虑基本国情，坚持对标对表，充分研究中国信息化工作的基本方针和政策要求，在符合国家信息化发展方向的大前提下研究和部署档案信息化标准制定工作，可进行适当有益的探索和创新，但不能在大方向上有偏差，不能突破政策红线，不能在大框架外另起炉灶，确保档案信息化工作的正确方向。

三要参照国际标准，积极学习引进先进国际标准和相关专业的信息化标准，借鉴蕴含其中的管理经验，加大甄别、研究、总结力度，根据自身实际情况进行定制、修改和扩展，增强同类标准之间的兼容性，持续加快档案信息化建设与国际标准接轨的速度。

三、建立全面的开发利用体系

挖掘和发现档案信息资源价值，及时满足社会各界多种利用的需求，既是履行档案部门工作职责的客观要求，也是提升档案信息化服务能力的现实需要。

一要提升信息检索能力。档案检索是查阅档案的重要工具，高效的检索体系能够有效提高档案资源的开发利用效率。要进一步规范档案资料电子存储及信息咨询服务等流程，开发高效信息检索工具，便于信息检索者快速定向、查阅有效信息，提升满意度。

二要提升长期保存能力。传统的档案管理方式已经无法满足时代发展要求，不仅影响到工作效率，而且不利于档案资源的开发利用。要加快数字档案管理平台系统与办公自动化系统、产品数据管理系统及工艺管理系统等的接口建设工作，确保电子数据无损传输，实现电子文件实时在线归档、审核、审批，积极推进"异地、异质备份"，提高电子档案长期保存能力。

三要提升服务管理能力。档案服务管理是一项对综合能力要求很高的工作，不仅要求档案管理人员掌握传统纸质档案管理的相关知识和技术，还要求其掌握现代信息化知识和相关专业操作技术。要树立人才资源是第一资源的理念，从战略高度深刻认识培养档案信息化人才的极端重要性，切实加强档案信息化队伍建设，深入做好专题学习、业务培训、岗位练兵、以老带新等工作，真正用高素质信息化人才队伍为高质量档案信息化工作保驾护航。

第二节 信息安全保障体系建设

21世纪，科技高速发展，信息技术越来越发达，给人们带来了极大的便利。信息资源整合、共享已经成为社会发展的大趋势。随着信息资源整合数字化步伐的加快，信息网络化的普及，档案信息化进程不断加快，通过档案信息系统管理的数字档案资源也越来越多，档案信息的安全变得越来越重要。强化档案信息系统风险管控能力，提高档案信息安全管理水平，构建档案信息安全保障体系就显得至关重要。

一、档案信息安全保障体系简介

信息安全是一个广泛而抽象的概念，具有保密性、完整性、可用性等特征，档案信息安全继承了这些特点。因此，凡是涉及这些特征的理论体系和技术应用，都是档案信息安全保障工作值得探讨和研究的对象。档案信息安全保障工作的任务，就是要通过提高软硬件技术能力、加强安全保密管理水平等有效措施，保障档案信息资产安全，维护档案工作的正常运行。

档案信息安全保障体系应运而生，它是法律法规、政策、标准、管理、指导、监控、培训、工具、人才，以及安全保障技术、应用技术、操作技术等的有机结合。这是一项复杂的系统工程，不仅仅是解决技术上的问题，还包括安全保障各个环节的管理和组织。其主要目的是通过档案信息安全管理体系、档案信息安全技术体系等的有效建设、综合应用，让档案信息系统所面临的风险可控，以保障档案信息系统的稳定运行和高效利用。

二、档案信息安全保障体系的构建途径

（一）建立健全档案信息安全管理制度

在开展档案信息安全管理工作的过程中，为了提升管理能力，首先需要做的就是将管理工作落实到实际工作中，这就需要对当前的管理制度进行研究，然后结合实际情况，对管理制度进行完善与健全。对于从事档案管理的专业人员，需要对其工作内容做好统筹规划，然后建立科学合理的管理方案。除此以外，相关单位也需要成立专门的档案信息安全管理部门，对档案进行安全监督与管理，使各项工作都落到实处，发挥部门的最大功能。

（二）构建档案信息安全技术保障体系

1.运用物理安全技术

在保证档案信息安全的过程中，物理安全技术是基本的保障技术。最主要的工作就是保证档案所在的环境与使用的设备以及存储的介质都是安全的。在日常的工作中，需要认真做好档案的防水、防火与防雷工作，避免因人为因素而产生破坏，初步保证档案的安全。

2.运用系统安全技术

在对档案进行收集、管理、保存与使用的过程中，需要有一定的技术支持，此技术需要结合环境条件以及硬件条件等，并且是由软件、网络以及数据等构成的。保障此系统的安全大概包括三个方面：

第一，软件安全。软件作为信息系统的重要组成部分，是保障安全系统正常且高效使用的基础，主要由两个方面构成，即系统软件安全与应用系统软件安全，这两个方面主要影响软件的开发、安装、升级、加密与安全方面的检测等。

第二，网络安全。这一方面的安全主要是指对网络系统内的软件以及网络数据这两个领域的安全保障。主要包括网络结构方面的完善、物理隔离、防火墙以及网络监控等。

第三，数据安全。数据是信息系统最核心的部分，因此保障数据的安全是安全保护最核心的工作，主要包含数据加密、数据的安全存储、数据备份以及恢复、数据库安全、云数据安全等技术。在当前信息技术快速发展的时代，档案信息安全管理在引入信息技术之后与信息技术的发展有很大关联，因此专业人员需要重视信息技术的发展，不断引入并更新信息技术，以提升档案安全管理水平。

3.制定档案信息安全标准规范

在现阶段，一些单位在档案信息安全管理方面还没有形成比较统一的标准，为了提高档案的信息安全管理水平，相关单位需要认真了解国家的有关法律法规以及行业的标准规范，并结合单位的工作实际来建立档案信息安全保障系统。截至目前，国家档案安全保障体系建设还处于初级阶段，和理想中的状态相比还有比较大的差距。因此，在建立此标准规范的过程中，需要对国内外的信息安全保障系统进行研究并作为参考。只有在这个过程中按部就班地开展工作，才可以为后续工作的开展提供遵循。

第三节　人才队伍保障体系建设

安全系统需要有人来计划、设计和管理，任何系统安全保障任务不能完全由计算机独自承担。一方面，各级档案部门领导要高度重视，并积极实施有关档案系统安全方面的各项措施；另一方面，工作人员和用户要对网络安全性有深入了解，自觉遵守各项信息系统安全制度和措施。只有防患于未然，才能降低档案网络信息系统的安全风险。

　　档案信息化系统的安全管理人员应经过严格审查，并保持相对稳定。各单位应将档案信息化系统安全管理工作列为单位安全保密工作的重要内容，明确档案信息化系统安全管理工作的主管领导。指定安全管理人员负责本单位档案信息化系统各项安全措施的落实及日常管理，依照有关安全保密和档案工作的要求和标准，对档案信息化系统安全管理工作情况进行定期检查，确保档案信息安全。由专人负责档案信息数据库的管理工作，建立数据库日常维护管理与安全检查备份制度，采取数据库加密、存取控制、备份恢复等相应的安全保护措施，严禁非数据库管理员绕过应用系统直接进入数据库操作。未采取必要的安全保密技术防范措施的档案信息基础数据库不得连入局域网、政务网及互联网等网络。对于上网发布档案信息，坚持"谁上网谁负责"的原则。各档案信息化建设单位必须建立档案信息网络发布制度，必须按照有关信息上网保密规定，对上网公开发布的现行文件和档案的目录或全文信息，进行上网前鉴定审查。应针对不同的网络开放利用对象进行档案信息鉴定，由单位分管领导或鉴定机构按规定鉴定审阅通过。未经鉴定的档案信息，不得擅自上网发布。

　　从岗位工作上看，档案信息管理人员是企业和事业单位档案工作的主体，他们不仅是信息的操作者和运行者，也是保障档案信息安全的主要人员。因此，强化档案信息管理人员的职业素养、思想素质、专业能力是十分重要和必要的，强化档案信息管理安全培训工作也应适时提上日程。

　　首先，注重提升档案信息管理人员的安全意识。通过将安全工作落实到部门、团队、个人的身上，要求部门领导、团队负责人发挥带头作用，不断用自己的实际行动突出档案信息安全的重要性，以促进基层工作人员重视安全问题，加强对风险的防范。

　　其次，加大安全教育培训工作。定期开展安全防范知识学习，培养工作人员的安全防范意识，不断为档案信息安全保障体系的构建提供助力。同时为了引起工作人员的重视，应将安全防范知识学习列为工作能力考查项目。通过制定相应的"考试"机制，对工作人员安全防范能力进行考查。同时也要联动晋升奖罚机制，对于成绩好的工作人员给予物质和精神奖励，对于成绩不好的工作人员给予严厉的批评和处理，以促进全员将档案信息安全管理工作落实到位。

最后，加大对工作人员职业素养、思想素质、专业技能的培训力度。对于企业和事业单位来说，工作人员只有具备过硬的职业技能，才能驾驭好岗位工作，所以必须结合时代发展趋势，加强新观念、新技术、新知识的渗透，促使工作人员快速成长为单位所需要的人才。

第四节　信息技术保障体系建设

目前，信息技术的创新推广速度较快，实现信息技术在档案管理中的有效使用，可以使档案管理工作获得高水平的支持。

一、提高档案信息化管理系统的成熟度

档案管理人员在探索信息技术的应用途径过程中，要加强对档案信息化管理系统构成情况的分析研究，并对工程项目建设的基本原理进行考察，使档案信息化管理方案的构建具备更强的可操作性，并保证档案管理所需的软件可以在这一过程中实现高质量应用。要加强对档案信息化管理需求的分析，并对系统当前的功能优势及使用性能进行考察，保证系统具备足够的稳定性与安全性。要对档案管理标准化体系建设所需的基础条件加以分析，保证档案动态化管理方法得到有效构建。要加强对档案信息化管理系统功能和数据构成情况的考察，并对系统架构以及功能模块进行有效的创新，保证系统安全管理体系可以在这一基础上得到更加成熟的构建。

二、提高档案数据检索工作质量

在探索信息技术在档案管理工作中的具体应用策略过程中，一定要加强对档案信息构成情况的分析，并结合档案信息查阅需要，对档案信息检索途径进行优化，使档案检索工作目录得到创新调整，进而满足档案信息的多元化查阅需要。在开展档案数据检索工作的过程中，必须将各类主题词及相应的检索内容加以总结，使档案信息利用需求得到优化，从而有效提升档案检索工作效率。要加强对可视化分析技术的重视和应用，尤其要对图表形式的信息进行重点研究，使数据检索精准度得到提高。档案数据检索工作还需要对特殊信息进行集中处置，尤其要对数据分析模型进行灵活使用，为档案信息利用效率的优化提供精准支持。

三、提高信息化档案服务水平

档案管理人员在探索档案服务新方式的过程中，一定要将档案管理信息系统所具备的突出应用优势进行总结，尤其要对档案信息的整合和组织工作进行研究，使档案信息化体系建设可以在档案价值开发方面发挥作用，以便更加有效地满足信息化档案服务需要。档案管理人员在制定信息化服务策略的过程中，一定要对档案信息服务条件加以重视，并对数据挖掘技术进行合理使用，保证符合档案信息全文检索需求的举措得到相应优化，为信息集成技术充分发挥作用提供帮助。要关注档案信息检索能力构成情况，对影响信息检索速度的因素进行深入研究。档案管理人员需要根据信息系统当前的运行规律，对档案的收集、整编方法做出调整，合理设置档案调取权限，并对档案统计报表等基础性功能加以完善，确保数据的维护及备份功能得到强化。要根据档案管理信息系统开发的基本规律，对档案管理信息化需求进行全方位考察研究，尤其要构建高水平的网上档案信息浏览平台，并保证相应的网页检索功能得到强化，为信息化档案服务体系的完善提供帮助。

四、提高档案信息资源的整合水平

在制订档案管理信息化方案过程中，应重视档案管理工作中的信息孤岛问题，尤其要对档案信息资源浪费问题进行严格统计，以有效避免信息系统中的重复建设问题，并保证信息匮乏现象得到充分规避。要注重对档案资源质量特征的分析考察，并对档案信息管理以及档案服务体系建设的相关需求进行总结，确保不同类型的信息化系统可以与档案信息调取应用需求相符合，有效提升档案服务综合质量。要加强对档案管理工作中信息化系统实际运行情况的关注，并对财务管理和资源调度管理系统进行整合，结合档案管理团队办公自动化的目标，制定档案信息资源整合的具体策略，使档案数字化管理体系建设可以获得高质量的信息源，并保证档案信息的来源途径得到相应优化。在档案信息资源整合的过程中，一定要对数字化档案管理优势进行总结，使各种类型的存量信息实现高质量整合，为档案信息的备份和调取提供有力支持。

参 考 文 献

[1] 陈瑞兰. 我国档案信息化建设的现状分析及问题对策[J]. 改革与开放, 2009，8：119-120.

[2] 傅永珍. 档案管理与信息化建设[M]. 天津：天津人民出版社，2019.

[3] 高慧. 对我国档案信息化建设实施的理论思考[J]. 兰台内外，2021（28）：17-19.

[4] 郭美芳，王泽蓓，孙川. 档案信息化建设与管理[M]. 长春：吉林人民出版社，2021.

[5] 何亚楠. 电力企业档案信息化项目管理研究[D]. 西安：西安建筑科技大学，2019.

[6] 黄亚军，韩国峰，韩玉红. 现代档案信息化管理与建设研究[M]. 长春：吉林人民出版社，2021.

[7] 李丹. 档案信息化理论体系建设的理性思考[J]. 黑龙江科技信息，2015（28）：158.

[8] 李东红. 信息时代档案管理研究[M]. 长春：吉林科学技术出版社，2020.

[9] 李欣欣. 论镇级档案管理模式中档案信息服务中心建设[J]. 现代商贸工业，2020，41（9）：91.

[10] 林婷婷，冯秀莲，林苗苗. 档案信息资源与数字化管理开发研究[M]. 哈尔滨：哈尔滨工程大学出版社，2022.

[11] 刘爱林，马越军. 加强水利工程档案管理 促进流域档案信息建设[J]. 新疆农业科学，2007（S2）：260-261.

[12] 刘辉，向瑶琼. 新时代对档案管理及资源开发利用的思考[J]. 金融科技时代，2021，29（8）：82-86.

[13] 刘利. 城建档案信息管理系统的程序设计与实现：以原平市城乡建设档案管理信息系统为例[J]. 山西科技，2017，33（3）：53-57.

[14] 刘亚静. 档案管理信息化与自动化探索[M]. 天津：天津科学技术出版社，2018.

[15] 马爱芝，李容，施林林. 信息时代档案管理工作理论及发展探究[M]. 长春：吉林大学出版社，2021.

[16] 梅桦. 关于档案管理信息化与档案信息伦理化建设的几点思考[J]. 中外企业家，2019（19）：129.

[17] 秦华娟. 对政府档案管理信息化建设的思考与探索[J]. 散文百家，2019（6）：244.

[18] 冉朝霞. 关于档案管理信息化与档案信息伦理化建设的几点思考[J]. 档案管理，2006（6）：48-49.

[19] 任雯靖. 档案信息化建设与档案管理的研究探索[J]. 人力资源，2018（8）：167-168.

[20] 石秀丽. 高校档案信息数字化与档案管理网络化平台的建设[J]. 电子技术与软件工程，2018（21）：2.

[21] 苏全玉. 高校档案信息数字化与档案管理网络化平台的建设应用[J]. 潍坊学院学报，2015，15（5）：112-113.

[22] 索晓欣. 基于面向服务的高校档案信息资源建设探析[J]. 赤峰学院学报（自然科学版），2016，32（19）：128-129.

[23] 王辉，关曼苓，杨哲. 大数据环境下档案信息化管理[M]. 延吉：延边大学出版社，2018.

[24] 王健筠. 档案信息化与医院信息一体化融合初探[J]. 信息记录材料，2021，22（10）：193-194.

[25] 王瑞. 自然资源档案管理信息化的现状及应对策略研究[J]. 科技资讯，2022，20（7）：4-6.

[26] 王雅琼，王瑞，刘幸幸. 档案信息化建设与管理创新[M]. 哈尔滨：北方文

艺出版社，2022.

[27] 吴良勤，雷鸣. 信息工作与档案管理[M]. 武汉：华中科技大学出版社，2011.

[28] 吴建华. 科技档案信息资源开发策略研究[M]. 北京：中国档案出版社，1997.

[29] 项密竹. 推进人才服务中心档案建设，服务高校毕业生就业工作[J]. 商业文化，2021（16）：114-115.

[30] 谢玉娟. 电子文件归档和电子档案管理研究[J]. 中国民族博览，2022（3）：124-126.

[31] 徐敏. 浅析博物馆档案信息的建设与管理[J]. 黑河学刊，2020（5）：27-29.

[32] 徐世荣. 档案信息化建设与管理创新研究[M]. 长春：吉林文史出版社，2021.

[33] 薛万祥. 对我国档案信息化建设实施的理论思考[J]. 黑龙江科技信息，2015（32）：192.

[34] 杨晖. 新形势下企业档案管理信息化与标准化建设研究[J]. 大众标准化，2022（3）：147-149.

[35] 杨阳. 信息化时代档案建设面临的挑战[J]. 黑龙江档案，2020（6）：74.

[36] 曾明权. 对我国档案信息化建设实施的理论思考[J]. 信息记录材料，2018，19（5）：171-173.

[37] 张华. 国内数字人文与档案管理研究综述[J]. 档案与建设，2021（1）：31-36＋30.

[38] 张杰. 信息时代下档案管理工作创新研究[M]. 长春：吉林大学出版社，2020.

[39] 张娟，李仪. 个人档案信息共享的规制措施研究：以应对档案管理数字化建设下的信息安全风险为视角[J]. 档案与建设，2015（3）：33-36＋42.

[40] 张璐璐. 档案信息化建设与管理创新[M]. 秦皇岛：燕山大学出版社，

2020.

[41] 张晓江. 中职院校档案信息化建设的实践与思考[J]. 办公室业务，2018（12）：87.

[42] 张玉霄. 数字档案信息资源安全管理研究[M]. 长春：吉林大学出版社，2020.

[43] 赵佳蓉. 关于数字化档案保密管理工作策略的探讨[J]. 现代企业文化，2022（15）：64-66.

[44] 周彩霞，曹慧莲. 档案管理信息化建设理论与实践探索[M]. 北京：北京工业大学出版社，2021.

[45] 祝敏. 电子档案管理的技术更新与制度建设[J]. 兰台内外，2022（6）：43-45.